J'AIDE MON ENFANT À ÊTRE ATTENTIF

Camille Chenal

J'AIDE MON ENFANT À ÊTRE ATTENTIF

Développer la CONCENTRATION avec les MÉTHODES PSYCHOCORPORELLES

EYROLLES

Éditions Eyrolles
61, bd Saint-Germain
75240 Paris Cedex 05
www.editions-eyrolles.com

Crédits iconographiques :
Illustrations des pages 120, 126, 129, 130, 133 et 143 : Hung Ho Thanh
Illustrations des pages 32, 35, 39, 53, 69 et 137 : © Shutterstock

Mise en pages : Istria

ISBN : 978-2-212-56945-2

SOMMAIRE

PRÉFACE

Alors que personne ou presque ne se souciait de son attention il y a encore dix ou quinze ans, la situation a rapidement évolué ces derniers temps pour faire de l'attention un enjeu de société majeur, au point que l'on parle désormais de crise généralisée de l'attention, de « guerre » pour (convoiter) l'attention, de surcharge mentale (et du système attentionnel), de maladie de l'hyperconnexion (de l'attention) et finalement, de la difficulté de plus en plus grande pour nos contemporains d'approfondir leur relation au monde… Force est de reconnaître que le mot « distraction », plutôt associé jusqu'ici au mot « divertissement » et donc connoté positivement, évoque de plus en plus son origine latine de « déchirement » ! Et les principales victimes de cette dérive largement attribuée à l'émergence des nouvelles technologies semblent être les plus jeunes, nos enfants, dont le cortex préfrontal, grand chef d'orchestre de l'attention, n'arrivera à maturité qu'à l'âge adulte. Alors que faire ? Que faire pour eux ? Que faire pour les aider à devenir des adultes responsables et acteurs de leur attention, plutôt que de simples spectateurs passifs, consommateurs de distractions ?

Camille Chenal propose une solution, qui est la plus sensée selon moi : expliquer d'abord avec pédagogie comment fonctionne l'attention, en précisant bien ses limites issues de ses fondements biologiques, et proposer des techniques très concrètes, que chacun peut tester avec des enfants pour les amener à s'intéresser à l'attention, encore et encore, et à l'observer, à la comprendre, à la respecter et à l'apprivoiser…

Vous découvrirez dans ce joli livre les liens étroits qui relient de très nombreuses approches de l'attention dont vous avez sans doute déjà entendu parler : par les neurosciences, la sophrologie, la gestion mentale, le yoga… et vous constaterez la grande convergence entre ces traditions. Ce n'est pas si surprenant après tout, car puisque « tout le monde sait ce qu'est l'attention », comme disait William James, « et depuis toujours », pourrait-on rajouter ; nombreux sont ceux qui ont essayé de développer par eux-mêmes, au fil des millénaires, des techniques pour mieux la maîtriser. Ces recherches intuitives, basées sur l'introspection, ont fini par accumuler tout un attirail de pratiques sans cesse redécouvertes, et maintenant pour la plupart validées par l'observation du fonctionnement du cerveau. Il restait à en dresser un panorama : le voici !

Jean-Philippe Lachaux, directeur de recherche à l'Inserm,
Centre de recherche en neuroscience de Lyon

INTRODUCTION

L'attention est fragile, en quantité limitée. Elle ne peut être partout, la disperser la divise. L'attention, sauvageonne, agit par l'intérêt : éblouie par ce qui brille, captée par ce qui fait plaisir, aimantée par ce qui émeut, chassant ce dont on a besoin, celle-ci papillonne, et si on n'y prend garde risque de mener la barque de la vie sans satisfaction. Comme un muscle plus ou moins souple, elle peut nous échapper, avoir des troubles. Avec sa fâcheuse tendance à nous lâcher si on ne l'entretient pas assez, elle se raidit et vieillit.

Mon intention est que chacun puisse comprendre les rouages de l'attention et trouver des pratiques faciles à introduire dans le quotidien pour en reprendre les rênes. Ce livre se destine particulièrement aux parents, et peut être utile aux enseignants et aux adultes qui encadrent les activités des enfants ainsi qu'aux sophrologues.

Les pratiques ne sont pas destinées exclusivement aux enfants souffrants de troubles de l'attention, TDA/H, mais à tous les enfants : inattentif, rêveur, absent, étourdi, tête de linotte, agité, turbulent, impulsif, dissipé, excité, impatient, remuant…

Chaque enfant révèle son attention selon son tempérament. Mais on ne s'intéresse à l'attention que lorsqu'elle s'échappe et s'indiscipline.

Aujourd'hui, les problèmes d'attention sont plus que jamais à prendre en considération, car ils empoisonnent la vie de nombreux enfants et de leurs parents. La société, la culture consumériste et les avancées techniques, les modes d'alimentation n'en sont pas des vecteurs facilitateurs. Le développement considérable des techniques numériques et l'accès à d'immenses savoirs sont aujourd'hui possibles, et, pour nous sentir maître de nous-même et de notre destin, nous avons besoin plus que jamais de toutes nos fonctions cognitives, dont l'attention en est l'épicentre. Les enfants sont nés et baignés dans l'informatique, contrairement à leurs parents, qui, eux, ont dû s'y adapter. Les adultes focalisent-ils leurs peurs du changement sur leurs enfants ?

Selon l'Inserm, 6 à 8 % des enfants en âge d'être scolarisés présenteraient un trouble de l'attention ou des troubles spécifiques des apprentissages. En France, plus de 22 000 élèves sont concernés au titre du handicap. Faute de prise en charge adaptée, la plupart d'entre eux se retrouvent en situation d'échec scolaire.

Souvent, les troubles de l'attention se détectent dans les apprentissages scolaires. L'attention en est l'une des clés ; elle est la porte d'entrée vers la concentration et la mémoire. Mais on ne pense pas toujours à toutes les dimensions de l'attention. Or un enfant qui « attire l'attention » ne fait que montrer par son comportement son besoin non satisfait, un enfant distrait cache un monde intérieur insoupçonné et captivant, son attention est portée sur autre chose que ce que l'on souhaite.

Les difficultés attentionnelles sont tellement peu contrôlables qu'elles peuvent être une source de souffrance. Ne serait-ce pas ce que l'on a de plus précieux pour ne pas tomber ? N'est-il pas douloureux d'être impuissant à « mieux faire attention », et de sentir une injustice dans les reproches, alors que beaucoup d'énergie est dépensée ? Est-ce si difficile que ça, d'être attentif ? Faut-il attendre d'avoir perdu son attention pour se rendre compte de combien on en a besoin ? Et existe-t-il le moindre espoir à la voir se développer ?

L'expérience de maman m'a confrontée de très près à ces problèmes d'attention, j'ai cherché des réponses dans mon parcours de sophrologue, et ai abordé en autodidacte les neurosciences, qui sont maintenant accessibles au grand public.

J'ai compris qu'on avait à portée de main de nombreux petits exercices très simples et que les grands experts validaient peu à peu toutes les sagesses ancestrales.

Capter, développer son attention est possible, un peu comme prendre les rênes d'un cheval fougueux et non apprivoisé. Ça se travaille. Notre cerveau, s'il peut se comparer à un muscle, avec ses propres caractéristiques physiques et la possibilité de l'entraîner comme un sportif, peut nous émerveiller de sa transformation plastique : il devient ce que l'on en fait. Et les progrès seront visibles. Vous pourrez constater comme moi que les exercices corporels et les techniques psychocorporelles améliorent considérablement non seulement l'attention, mais aussi l'autonomie, la créativité, et, de manière globale, le rapport à la vie.

La rigueur et la capacité de soutenir son attention, de la focaliser ou au contraire de l'ouvrir sont importantes. Dans le système scolaire et professionnel, savoir rester concentré, focalisé, permet de ne pas quitter son intention, de résister aux sources de distraction, et cela, de manière souple, sans tension. Plus que jamais le défi est de ne pas se laisser dépasser dans un monde multitâche, et de garder le gouvernail malgré le chant des sirènes.

Par les exercices de réceptivité, de prise de conscience proprioceptifs, l'attention se pose et naturellement se guide par des signes qui appartiennent à son propre corps ; peu à peu, l'enfant ne se laisse plus happer par les stimuli extérieurs, mais apprend à s'écouter, à se ressentir, et apprivoise son attention de manière volontaire, guidée par ses propres rythmes et changements. Devenir l'auditeur de sa petite radio, spectateur de son programme télé, puis acteur de ses actions mentales, montre que l'enfant, petit à petit, prend possession de lui-même, de ses mouvements, de ses pensées, de ses actes.

L'attention place aussi l'être face et au milieu des autres et de son environnement, lui permettant de prendre plaisir, capitaliser son potentiel, développant son empathie et ses relations interpersonnelles. Comprendre, apprivoiser, puis cultiver son attention, non seulement permet d'utiliser au mieux son propre potentiel, mais aussi détermine et sélectionne l'axe approprié de l'intérêt et la manière que l'on va porter à chaque chose, en soi, à ce qui nous environne, et aux autres. Ouvrir son attention, la laisser gambader attise la curiosité et la créativité, ressource, et l'avenir s'ouvre. Le mouvement de l'attention nourrira le bonheur, l'empathie, et l'aptitude à mieux vivre parmi les autres et au gré des événements. Manier l'attention concourt à la maîtrise. L'enfant peut devenir maître et responsable de ses propres choix, et non plus de les subir passivement, acquérant par là l'autonomie et la découverte de sa conscience.

Le capitaine non seulement saura diriger son navire, mais aussi prendre soin de la mer qui le nourrit et l'accueille.

PARTIE 1

COMPRENDRE L'ATTENTION

CHAPITRE 1

ÊTRE ATTENTIF, PAS SI SIMPLE !

« *L'attention ne se dompte pas, elle s'apprivoise, avec patience !* »

J.-P. Lachaux[1]

Au programme

- **Qu'est-ce, être attentif ?**
- **Inattention, distraction ou trouble de l'attention ?**

Qu'attendons-nous de l'attention de nos enfants ? Quand on lui dit « fais attention ! », est-ce qu'il sait à quoi il doit faire attention et comment ?

Qu'est-ce, être attentif ?

Définition

L'attention est la faculté de se concentrer sur une personne, un objet ou une activité. Elle joue un rôle de filtrage et de sélection sur une certaine portion de l'information, qu'elle porte à la conscience.

1. *Le Cerveau attentif.*

> **L'attention est une fonction mentale complexe liant des facteurs physiologiques, psychologiques et environnementaux.**

Le mot attention vient du latin *attentio*, qui se dérive du verbe *attendere* qui veut dire « tourner son esprit vers », « tendre vers ». En anglais, faire attention se dit *to attend*, ce qui signifie être présent, assister. Faire attention à un proche, c'est être présent à ses côtés : car on peut être présent physiquement tout en étant absent (être dans ses pensées)…

L'attention commence par un processus passif, la réception brève et floue d'une multitude de molécules et rayons qui bombardent continuellement les récepteurs sensoriels spécialisés de notre corps avec des informations sur l'environnement extérieur ou intérieur. Notre cerveau traite autant de stimuli que possible.

Certains stimuli ressortent du lot par un tri savant fait par le cerveau. Les perceptions déclenchent des actions, connexions mentales et motrices, réorientation ou affinage des perceptions. Nous verrons que le tri se programme par les liaisons entre les différentes fonctions du cerveau des plus instinctives et inconscientes aux plus raisonnées et conscientes. Le rassemblement d'effort d'attention (focalisation), lié aux systèmes perceptuels et moteurs d'évaluation, de mémoire, mène à l'activité neuronale de travail conscient.

Fonction de l'âge et du tempérament

Prenez n'importe quel enfant, sachant marcher, entre 2 et 3 ans, et emmenez-le dans une rue. Laissez-le marcher, seul. Que se passe-t-il ? Vous vous apercevez que pour protéger l'enfant de tous les dangers de la ville, vous allez l'aider à manier son attention : s'arrêter au bord du trottoir et regarder à gauche, à droite, respecter les feux, éviter les crottes de chien, dire bonjour à la dame (qu'il n'a pas vue, il y a un camion poubelle beaucoup plus intéressant de l'autre côté), ne pas ramasser les jolis cailloux, car ils sont sales, etc. Essayez juste quelques instants de vous placer à la hauteur de ce petit bout de chou, dans sa tête, avec ses centres d'intérêt, et vous arriverez à la conclusion que l'attention de l'adulte et l'attention de l'enfant à différents âges sont singulièrement différentes.

On ne peut demander la même attention à un enfant de 18 mois qu'à celui de 6 ans. Cet argument de bon sens est pourtant mis à mal en réalité. Combien de fois ai-je observé des parents s'énerver sur leur enfant ne tenant plus en place ? On oublie trop souvent que le tempérament de l'enfant influence la façon dont il donne de l'attention ou en reçoit. Ce n'est pas qu'une question d'éducation.

> **Le style d'attention d'un enfant est semblable à son comportement dans un magasin de jouets. Certains enfants prennent leur temps pour explorer les jouets les uns après les autres, tandis que d'autres sont tellement emballés qu'ils veulent en manipuler le plus possible à la fois.**

L'attention éduquée

Quoi de plus horripilant : cette chaussette, au milieu du couloir, pourquoi Jules ne la met-il pas au panier à linge ? Il ne comprend pas que pour vous, c'est important. Vous aimez une maison rangée ?

Mais avez-vous en revanche vu l'autre jour, comment Jules a laissé une vieille dame avancer doucement sur le trottoir, malgré son envie de foncer sur son skate ? Il a patiemment attendu de pouvoir la contourner sans risque.

Fonction vitale nécessaire pour la survie de l'espèce, les parents guident leur progéniture pour l'aider à se débrouiller ensuite toute seule. Même si aujourd'hui on n'en est plus à déjouer les dangers de la survie dans la jungle, les parents jouent un rôle considérable dans l'éducation de l'attention de l'enfant pour l'aider à adopter les conventions sociales, le préparer à ses fonctions et devoirs d'adulte. C'est le rôle qu'ils endossent d'éducation : l'attention se formate… Excusez-moi si j'ai un petit sourire narquois en mettant sur la table la notion d'éducation. Il pourrait être intéressant de passer un peu de temps sur les jugements et valeurs que l'on transmet à son enfant.

Je viens juste de vous laisser entrevoir par les deux exemples précédents que, pour moi, l'attention porte non seulement la dimension matérielle, avec ses critères physiques, la notion de performance, *je suis capable* d'être attentif, présent, de garder cette attention et *de me concentrer*, mais aussi d'une notion d'empathie dans l'attention portée sur un autre être humain.

Inattention, distraction ou trouble de l'attention ?

La distraction

Se distraire pourquoi pas, le cerveau adore cela. Mais est-on maître de ses distractions ou celles-ci dirigent-elles les comportements ?

> **L'attention est un processus quasi automatique qui est facilement détourné par la distraction, où l'esprit est dispersé et confus.**
>
> **La distraction détourne l'attention vers « autre chose ».**

Lorsqu'on est plongé dans une activité, le cerveau agit en toute conscience. Mais il décroche, plus ou moins souvent. Ce fonctionnement a sa juste place parmi tous ceux de notre cerveau. Car l'être humain a besoin de laisser filer ses pensées, de prendre le temps. C'est même là que le processus créatif trouve son terreau, des idées viennent… Il est nécessaire de s'ennuyer !

Mais la distraction est un « état d'esprit » facile, car le cerveau se laisse happer passivement. Le gros défaut de ce système est son mode complètement « sauvage », indompté, le gardant hors du mode conscient. Car le cerveau a tendance à faire remonter et tourner en rond les choses qui nécessitent une « solution », un besoin vital de digestion. Les émotions se mettent au premier rang, l'instinct aussi. Quand les pensées tournent et retournent trop dans la tête, elles peuvent obnubiler, et aller jusqu'à détourner l'attention consciente des tâches à effectuer.

Rôle de l'attention dans l'apprentissage

Les parents ne connaissent généralement pas le comportement de leur enfant à l'école, ou trop tard, quand les remarques désagréables ou un mauvais carnet de notes arrivent.

> **L'attention est une des clés nécessaire et fondamentale de l'apprentissage. Sans elle, comment se concentrer, comment retenir, comment se souvenir, comment apprendre ?**

La conscience de « décrocher »

Pour que l'enfant soit capable de mobiliser son attention, il doit pouvoir adopter la stratégie consistant à diriger son attention sur des signaux précis.

Pour avoir le contrôle sur ce processus, il faut que l'enfant ait conscience, se rende compte des moments où il commence à « décrocher » – devient distrait – pour se « raccrocher » aussitôt. Notez que c'est une des bases de la pratique de la méditation.

Observez votre enfant

Pour voir s'il manque d'attention dans ses apprentissages, observez votre enfant faire ses devoirs.

- Il lève le nez à chaque bruit, mouvement.
- Il fait du bruit de manière incontrôlée, par exemple tape régulièrement son stylo sur la table ou tape avec son pied.
- Il vient de lire une page ou deux en pensant à autre chose, et n'a aucune idée de ce qu'il vient juste de lire.
- Il dit avoir écouté, mais est incapable de dire de quoi on parle, et n'a rien retenu.
- Il a du mal à se concentrer sur son travail parce que des idées tournent dans sa tête.
- Il s'emballe lors d'un travail (l'exposé) : le trop-plein d'enthousiasme avec un flot d'idées générées entraînant un niveau d'excitation interne est incompatible avec la poursuite du travail lui-même.
- Il répond quelque chose n'ayant rien à voir avec la question posée, oublie la consigne (ou une partie).

Vers quoi diriger l'attention

Contrôler l'entrée des informations par le processus de sélection va faciliter le traitement ultérieur des informations : la focalisation sur un seul aspect à la fois permet de ne pas saturer la mémoire de travail qui est limitée en capacité et en durée. La tâche découpée en de petits éléments successifs sera plus aisément contrôlée.

Gardez en tête les « quoi qui quand pourquoi » pour expliquer à l'enfant la direction à donner à son attention :

Quoi ?	Qui ?	Quand ?	Pourquoi ?
Message Mots Émotion Geste	Moi Toi Celui qui bouge	Lorsqu'on s'adresse à moi Quand des consignes sont données Quand ça m'interpelle	Pour pouvoir exécuter une consigne Pour comprendre Pour mémoriser Pour fuir ou me protéger

Je trouve aussi utile la théorie de la gestion mentale d'Antoine de La Garanderie, avec cinq « gestes » fondamentaux dans l'acte d'apprendre :

1. Le geste de l'attention

Plus l'enfant est jeune, plus c'est difficile pour lui d'être « actif » dans sa tête. Le geste de l'attention se compose de l'acte de se mettre en projet, de faire exister et d'évoquer dans sa tête avec des images mentales, ou par une perception des autres sens, car cela peut-être une activité visuelle, autant qu'auditive ou de l'ordre du ressenti.

Pour aider à orienter l'attention de l'enfant, on l'incite avec « regarde ce que je vais te montrer » ou « écoute ce que je vais te dire ».

2. Le geste de mémorisation

Avec un projet précis à court, moyen ou long terme, mémoriser permet de rappeler l'évocation dans un but précis. Par exemple, la propriété en mathématiques va pouvoir être appliquée dans les exercices.

On mobilise l'attention sur le but.

3. Le geste de compréhension

Par un aller-retour permanent entre ce qu'on perçoit et ce que ça évoque, donner du sens active les liens et conforte la mémoire. Comprendre c'est prendre pour soi et être capable d'utiliser ses propres mots.

L'attention se porte sur les liens avec la mémoire, sur la compréhension.

4. Le geste de réflexion

La réflexion nécessite d'avoir à l'esprit tout ce dont on a besoin, et donc l'accès aux connaissances, aux notions pour effectuer la tâche à réaliser.

On se demande comment, avec quoi, par où…

5. Le geste d'imagination

L'imagination permet de créer, d'inventer à partir du connu. Cette faculté n'est pas attribuée qu'aux esprits créatifs, tout individu la possède !

Les troubles de l'attention

Mais lorsque vous avez observé que votre enfant avait du mal à être attentif ou à se concentrer, malgré toute sa bonne volonté, vous avez vu que ce manque d'attention avait des conséquences graves sur la vie, touchant vos relations avec lui, sa scolarité, son rapport aux autres, et son estime de soi.

> **Plus la tâche est complexe, nouvelle, abstraite, avec de faibles qualités perceptives, voire rebutante, et plus grand est l'effort d'attention et de concentration à fournir. La fatigue et le découragement s'installent alors plus rapidement.**

Le trouble de l'attention n'est pas une fatalité, mais il est épuisant et complique la vie. Le bilan auprès des professionnels va aider à analyser le processus physiologique et à trouver à quel endroit de la chaîne cognitive il peut exister des faiblesses.

TDA/H ?

T pour trouble, D pour déficitaire, A pour attention, H pour hyperactivité, selon la définition de référence des troubles mentaux DSM-IV pour l'inattention, l'hyperactivité et l'impulsivité.

Les troubles proviendraient d'un dysfonctionnement chronique du système exécutif préfrontal, touchant six grandes fonctions[2] :

2. J.-P. Lachaux, depuis l'ouvrage de Thomas Brown, *Attention Deficit Disorder: The Unfocused Mind in Children and Adults*, Yale University.

1. la capacité à fixer des priorités, à les organiser et à mettre en œuvre un plan pour les atteindre ;
2. la capacité à définir et maintenir une cible de son attention et à en changer pour s'adapter à des changements d'objectifs ;
3. la capacité à être réactif ;
4. la capacité à réguler ses émotions, notamment pour faire face à la frustration ;
5. la mémoire de travail ;
6. la capacité à surveiller ses propres actions, pour s'assurer que l'on fait bien les choses correctement.

Il est probable que le trouble de l'attention émerge au moins partiellement de l'activité métabolique et des déficiences spécifiques des neurotransmetteurs dans les structures du système limbique et du tronc cérébral. Ceux-ci régulent l'inhibition et le contrôle moteur et influencent les zones des lobes frontaux responsables de l'organisation et de la régulation des comportements attentifs.

Les stimulants prescrits tels que Ritalin™ augmentent la disponibilité et l'activité des neurotransmetteurs du cerveau (catécholamine) afin d'inhiber les stimuli distractifs et le comportement impulsif et ainsi améliorer la capacité de l'enfant à sélectionner les stimuli appropriés. Le diagnostic et le traitement sont encore aujourd'hui une question très controversée.

Les dys-

Les chercheurs sur la dyslexie ont identifié pour certains un problème de coordination dans le système des voies visuelles (Livingstone *et al.*, 1991). Récemment, une étude publiée à la Royal Society par Albert Le Floch et Guy Ropars, physiciens à l'université de Rennes 1, avance que la cause de la dyslexie se cache dans de minuscules récepteurs, les taches de Maxwell, situés dans une zone du centre de l'œil.

Mais on sait aussi que le cerveau traite l'information sensorielle à travers deux systèmes de chemins distincts : un système rapide qui traite l'arrière-plan (où se trouvent les objets), et un système plus lent qui traite le premier plan (ce que sont les objets). Le système visuel et/ou auditif des dyslexiques semble être « lent » ou avec des perceptions différentes.

Pour les enfants ayant des troubles de l'apprentissage, comme les dys- (dyslexie, dysorthographie, dyspraxie, dysphasie, dysgraphie), comprendre et orienter son attention donnera une énorme force stratégique dans le contournement des fonctions cognitives déficientes.

L'ESSENTIEL DE CE CHAPITRE

- **Notre cerveau ne peut pas traiter toutes les informations entrantes. La capacité de sélectionner est complexe.**
- **L'attention s'éduque et se formate.**
- **Utilisé dans les apprentissages, le geste mental de l'attention fait exister dans la tête, en image, en sons, en mots, en émotions, et se connecte aux liens de la mémoire.**
- **Vous pourrez être alerté sur un manque de contrôle de l'attention de votre enfant si vous observez :**
  - **– de la lenteur à se plonger dans une tâche ;**
  - **– de la difficulté à résister aux sollicitations de l'environnement ;**
  - **– de la difficulté à résister aux autres préoccupations personnelles (soucis, inquiétudes, rêveries, envies diverses) ;**
  - **– de la difficulté à rester longtemps concentré ;**
  - **– le manque de mémoire ;**
  - **– et la distraction récurrente.**

CHAPITRE 2

L'ATTENTION, UN MAILLON DANS LA CHAÎNE COGNITIVE

« L'attention est un phénomène biologique qui a aussi ses limites. Il y a donc des raisons pour lesquelles il est si difficile de se concentrer et les raisons sont biologiques. Elles viennent de la façon dont le corps est construit. »

J.-P. Lachaux

Au programme

- **Localisation de l'attention dans le cerveau**
- **L'attention focalisée**
- **L'attention ouverte ou diffuse**
- **L'attention divisée ou partagée**
- **Attention et mémoire**

L'attention est liée à d'autres habiletés cognitives – l'analyse, la recherche et l'enregistrement de l'information –, mais aussi à la capacité de gestion ou de synergie de ces ressources cognitives. On ne peut pas dissocier les processus des fonctions exécutives de l'attention de ceux de la mémoire et de la planification.

Localisation de l'attention dans le cerveau

S'intéresser à l'attention donne envie de voir ce qui se passe dans le cerveau. Je vous invite à lire avec votre enfant le livre de J.-P. Lachaux *Les Petites Bulles de l'attention* pour, images en main, expliquer à votre enfant.

L'attention interagit au sein de 3 strates dans le cerveau, des fonctions les plus primitives automatiques d'alerte à celles plus subtiles d'attention dirigée, choisie et maintenue.

Plasticité du cerveau

L'expérience modifie la structure neuronale. Notre cerveau est un organe dynamique qui se modifie au gré de l'apprentissage, de l'émotion, et du vécu de chacun, quel que soit son âge. L'information circule dans les neurones, dont la mise en réseau s'effectue par le nombre de connexions. Les cheminements varient, se complexifient et font naître de nouveaux neurones. Ils peuvent aussi se simplifier et diminuer si les parcours sont toujours les mêmes ou non utilisés. Plus vous utilisez votre cerveau, plus il se connecte. Plus on apprend, plus on est curieux, plus la cartographie neuronale se densifie.

Du primitif au plus élaboré

Le tronc cérébral veille

Il reçoit passivement des informations sensorielles entrantes et commence le processus d'attention active.

La focalisation est assumée par une partie du thalamus. Il agit un peu comme un projecteur qui éclaire une partie de la scène.

Une fois capturée, cette information est transférée vers le lobe frontal, qui pourra maintenir l'attention.

Les lobes sensoriels, la moitié arrière de la grande couche de tissu neural qui forme le néocortex, traitent les diverses formes d'informations sensorielles auxquelles notre cerveau est confronté, et les lobes frontaux contrôlent, fixent et déplacent notre attention – déterminant ainsi consciemment ce qui est en premier plan et en arrière-plan et comment la situation actuelle se réfère à l'expérience précédente.

> **L'émotion joue un rôle clé dans l'activation vers la mémoire et la motivation, déclenchant des réflexes primaires.**

Le système limbique fournit les nuances émotionnelles et la motivation pour l'attention : il est le lieu où nos réactions cérébrales les plus primaires naissent, ainsi que la plupart de nos besoins vitaux.

On peut expliquer à l'enfant la notion de « cerveau d'en bas » et « cerveau d'en haut », comme le font les américains D. J. Siegel et T. P. Bryson dans *Le Cerveau de votre enfant*. La partie basse correspond aux fonctions limbiques émotionnelles, très rapides et instinctives. La partie haute prend plus de temps, réfléchit, et raisonne.

Le cortex préfrontal

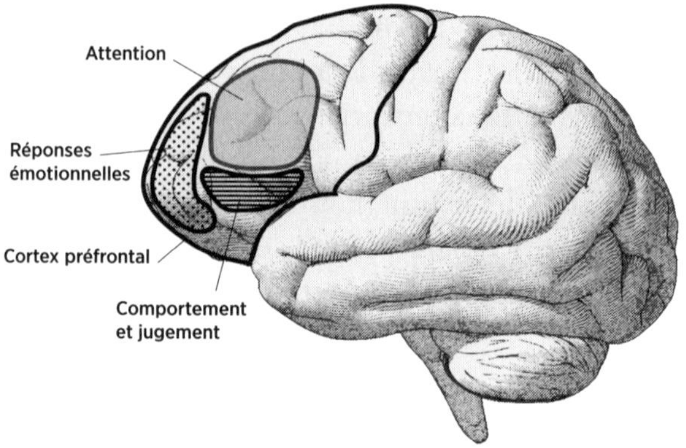

> **Ce qu'il y a derrière le front, le cortex préfrontal dorsolatéral, est la partie importante attribuée à la réflexion, caractéristique de l'homme ; elle se construit avec l'âge et régule l'attention.**

L'altération du cortex préfrontal peut conduire à des symptômes d'inattention et de distraction. Le lobe frontal est particulièrement actif dans des situations qui nécessitent une planification ou une prise de décision, des stratégies d'autocontrôle, des situations inédites qui demandent des modifications et de nouvelles réponses, des situations complexes. Inutile d'attendre que votre jeune enfant en ait la pleine capacité : même à 15 ans, un adolescent n'a pas les capacités d'abstraction, d'organisation ni de prise de décision qu'il aura adulte.

De nombreuses recherches sur la méditation, pratique d'attention prolongée, montrent son influence sur la production de dopamine, un neurotransmetteur, composé chimique libéré par les neurones. Celle-ci renforce la sensation de bien-être comme les comportements liés au plaisir, au sexe et à l'alimentation.

> **Lorsqu'on est présent à soi-même, attentif à ce qu'on fait et attentif à l'autre, le cerveau sécrète de la dopamine, hormone jouant fortement dans la sensation d'être heureux.**

D'un côté, certains sont capables d'atteindre l'état que Mihály Csíkszentmihályi appelle l'« absorption fluide » ou « *flow* ». On entre dans cet état de concentration par exemple lorsqu'on pratique une activité vraiment agréable qui procure un plaisir fondamental indépendant de toute récompense extérieure, et sans être conscient du temps qui passe.

Et de l'autre côté, des niveaux insuffisants de noradrénaline et de dopamine ont été associés aux symptômes du TDA/H.

Sélection et distinction

Le phénomène « Cocktail party », mis en lumière par Colin Cherry, à l'Imperial College de Londres en 1953 est une fonction de l'attention curieuse et non reproductible par une machine, défi pour l'intelligence artificielle. Lors de soirées, les conversations et la musique se mêlent. Si on enregistre cette ambiance, tout est indistinct. Cependant, l'attention d'un humain permet de distinguer une conversation d'une autre.

Le cerveau recourt à des mécanismes élaborés pour isoler la voix de l'interlocuteur dans un fond sonore. Il sait aussi distinguer étonnamment son prénom de la masse sonore, quelques conversations plus loin.

> **Notre attention nous permet de nous centrer et d'isoler certaines informations sonores ou visuelles.**

Pourtant, quelques personnes ayant une bonne audition sont tout de même incapables de décoder et de comprendre une parole dans un fond sonore complexe. Elles souffrent du syndrome du banquet[3]. Ce trouble n'est pas lié à l'attention, mais à un dysfonctionnement physiologique : la distinction par l'oreille interne entre des variations lentes et rapides contenues dans l'information de la parole et du son.

L'attention focalisée

La capacité de sélectionner est complexe et peut-être perturbée notamment chez les enfants TDA/H.

> **Malgré ses cent milliards de neurones, le cerveau a une capacité de traitement limitée, donc il ne peut analyser en permanence toutes les stimulations sensorielles. Et heureusement !**

Le système cognitif analyse et sélectionne l'entrée des informations potentiellement les plus utiles.

J.-P. Lachaux, dans *Le Cerveau attentif* propose cette image très convaincante :

« *Le cerveau a les yeux plus gros que le ventre. Sa faible capacité de digestion l'oblige à laisser une grande partie de ce que le monde déverse en permanence dans son assiette. L'attention sélective est là pour guider la fourchette vers les meilleurs morceaux. À chaque fois que nous sommes engagés dans une tâche avec un objectif, qu'il s'agisse de faire la vaisselle ou d'arrêter un penalty, certaines informations sur le monde extérieur sont plus pertinentes que les autres, et ce sont les meilleurs morceaux de l'assiette : la température de l'eau, la position du ballon…* »

3. Christian Lorenzi, 2006.

L'attention sélective ou focalisée

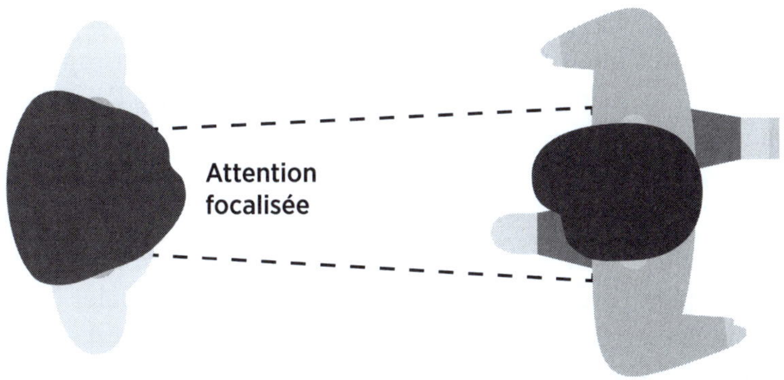

L'attention, en utilisant la faculté de sélectivité, permet de centrer l'attention sur une information par exemple visuelle ou sonore. Quand votre enfant exécute une action en filtrant des distractions autour de lui : il dessine alors que d'autres enfants parlent et jouent autour de lui.

Assis en classe, l'élève oublie : le contact avec le siège, la sensation de froid ou de chaud, l'air qui traverse ses narines, les poumons qui se dégonflent et se gonflent, le bruit ambiant, et, dans un monde idéal, il va écouter son professeur…

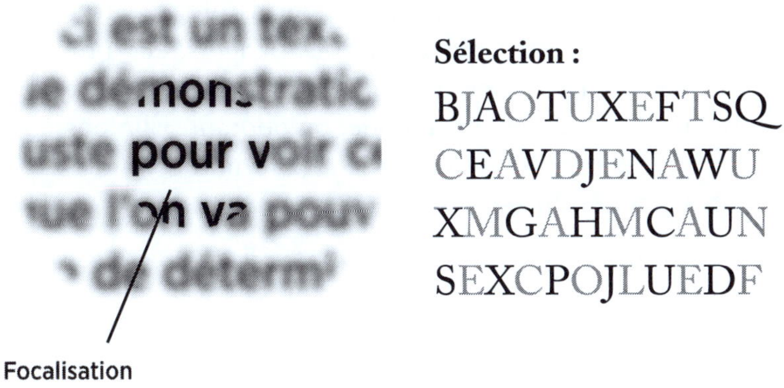

Pilote automatique ou conduite contrôlée ?

Conduire un véhicule ou faire du vélo fait appel à des fonctions exécutives que l'on a automatisées. Tout l'apprentissage scolaire essaye de rendre « automatiques » les bases de l'orthographe, les raisonnements, etc. Les enfants dys- ont particulièrement du mal à automatiser certaines tâches liées à la lecture et à l'écriture. On ne peut donc leur demander de « comprendre » en lisant à voix haute, ou de « relire » leur texte pour chercher les fautes (il est d'ailleurs préférable de différencier les types de recherche), ou d'écrire proprement directement des réponses qui demandent une réflexion. Ils fatiguent très vite, car leur attention soutenue doit redoubler d'efforts.

Les enfants TDA/H sont attirés par tous les stimuli, toutes les distractions, internes et externes, ont du mal à trier ceux qui sont importants et rester centrés longtemps sur ceux-ci.

On appelle *stimulus saillant* la chose qui attirera l'attention par ses caractéristiques différentes : le klaxon du scooter, ou le mouton noir dans le troupeau.

L'*attention exogène* est capturée de façon automatique et involontaire par tout changement brutal ou l'apparition d'un stimulus saillant dans notre environnement.

Cette attention s'est développée pour assurer la survie de l'espèce humaine. Afin de détecter les dangers, elle prépare l'organisme à réagir à une information nouvelle, à tout ce qui est saillant, fort, scintillant, mobile, ou odorant. Elle possède une très grande rapidité de traitement (120 millisecondes), elle est difficilement inhibée.

L'attention délibérée sur ce que l'on veut, l'*attention endogène*, afin de détecter la nature de l'événement, elle, est volontaire (pour trouver le téléphone dans son sac, faire un croche-pied, etc.), peut rester activée plus longtemps, mais met un peu plus de temps à se déclencher (300 millisecondes) et peut être interrompue.

Dans le cortex préfrontal du cerveau, qui joue un rôle central dans la mémoire et la concentration, le système exécutif permet de désengager le pilote automatique et d'adapter de façon flexible sa façon de réagir à l'environnement afin d'être conscient de ce que l'on fait. Ces régions ont pour mission de déterminer ce qui est important et ce qui ne l'est pas, en fonction de la tâche à réaliser et de maintenir cette information en mémoire tout le temps nécessaire.

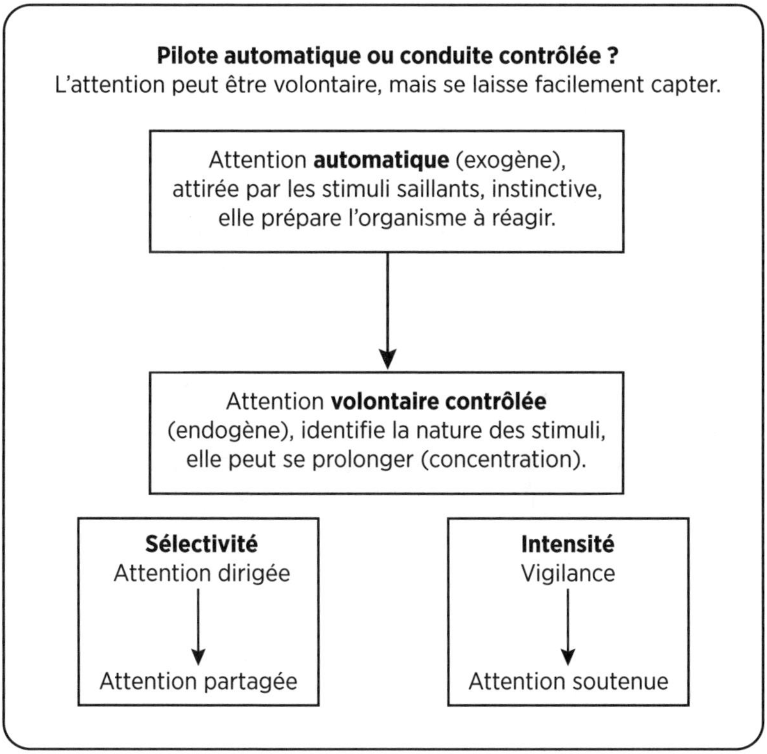

Conscience des automatismes

Pour qu'il puisse commencer à prendre conscience des automatismes, proposez à l'enfant d'identifier des gestes quotidiens (se brosser les dents, ouvrir une porte, se lever...). Choisissez-en un, puis proposez de le faire « en conscience ».

Ces exercices sont très importants à effectuer pour apprendre à visualiser dans sa tête et réaliser des « gestes mentaux » :

- Partie 2, chapitre 3 : Prévisualisation d'un geste.
- Partie 3, chapitre 2 : Apprendre à visualiser, les images mentales.

L'attention soutenue (ou concentration)

L'attention soutenue, que l'on appelle concentration, est la capacité à maintenir son attention pendant une longue période de temps sur une tâche et pourra la faire durer sans être distrait. Alors que le processus d'attention ouvre notre esprit aux signaux sensoriels, le processus de concentration, complémentaire, ferme notre conscience à tout ce qui peut distraire notre esprit de la tâche (inhibition).

L'enfant en général se laisse facilement captiver par un jeu. En revanche, il peut être difficile de savoir si l'enfant est concentré lorsqu'il est passif, comme en situation d'écoute à l'école. Ne pas bouger ne veut pas dire qu'on est concentré, car l'esprit peut voguer librement.

L'esprit, s'il est bien concentré, va pouvoir fixer ses pensées sur un point donné et suivre le développement d'une idée.

La concentration n'est pas une fonction automatique :

- elle est une action consciente qui demande plus de ressources et d'efforts ;
- le cerveau a une capacité limitée de concentration.

L'effort est plus difficile si l'enfant est fatigué, non motivé, préoccupé, ou s'il éprouve des besoins vitaux comme la faim, ou est sous le coup d'une émotion.

L'attention ouverte ou diffuse

Pour comprendre ce qu'est l'attention ouverte, vous pouvez imaginer une promenade dans les bois. Rien ne se distingue plus particulièrement, votre vue est ouverte, panoramique, vous accordez une attention égale à l'endroit où vous mettez les pieds, au sentier devant vous, aux arbres autour de vous. Il n'y a pas particulièrement de premier plan aux dépens d'un arrière-plan, tout arrive à votre conscience (si vous n'êtes pas plongé dans une rumination ou une conversation).

Attentif à tout dans son jeu

Quand Kim a commencé à jouer aux jeux vidéo, il a été facilement éliminé par ses amis. N'ayant pas envie de perdre, il a décidé de faire tout son possible pour s'améliorer. Il s'est exercé à la maison, en se concentrant sur la façon dont il pourrait améliorer ses compétences de jeu. Au fil du temps, il a appris à voir tout le champ du jeu. Il pouvait se concentrer sur ce qui était directement devant son tireur, tout en voyant tout ce qui se passait dans le jeu. Son champ d'attention s'est développé de sorte que, bien qu'il soit apparemment complètement concentré sur ce qui était devant lui, il pouvait aussi voir clairement ce qui était en dehors de sa portée directe. Kim a appris à utiliser l'attention implicite à son avantage ; cette attention ne demande pas de déplacer le regard ou de faire un mouvement pour se réorienter.

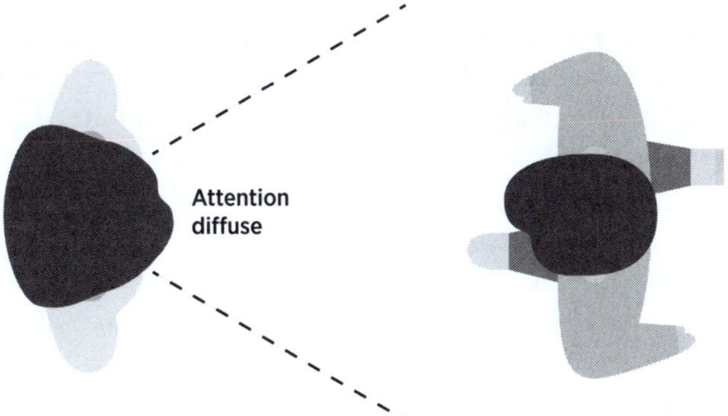

L'attention ouverte, diffuse, provient de la caractéristique implicite de l'attention.

> **L'attention ouverte ou diffuse est comme un objectif qu'on ouvre, qu'on élargit afin de voir tous les éléments du décor, de diffuser sa pensée dans tous les angles.**

Au contraire de l'attention focalisée, qui est centrée sur un ensemble d'informations provenant d'un ou des sens, qui sélectionne des éléments aux dépens d'autres, l'attention ouverte, elle, reçoit de multiples informations non triées provenant de tous les organes sensoriels en appliquant un filtrage le plus neutre possible.

Tous les éléments perceptifs sont pris en considération et sont importants, au contraire de la focalisation. Les exemples les plus typiques sont les professionnels, vigiles ou gardiens qui ont l'œil sur tout, tout mouvement, toute attitude, en observation constante. L'hypervigilance permet d'alterner de manière très furtive un angle de vision très large avec de très rapides focalisations sur des détails, afin de réagir au moindre signal suspect.

L'entonnoir de l'attention

Les Femi et Jim Robbins dans le livre *La Pleine conscience* comparent le mouvement de l'attention à celui d'un entonnoir. Vous pouvez l'expérimenter en lisant attentivement la suite de ce texte.

Vous pouvez prendre conscience, tout en poursuivant la lecture, de l'espace tridimensionnel entre vos yeux et les mots imprimés de la page, la distance œil/page. Nous sommes conditionnés à ne percevoir que les objets, et non l'espace.

Sans quitter la page des yeux, essayez de sentir progressivement l'espace qui se trouve à droite du livre et à gauche du livre ouvert devant vous. Laissez le champ de vision périphérique s'ouvrir devant vous. Expérimentez l'ouverture et la fermeture de ce champ visuel, concentré seulement sur les mots, ou s'élargissant à l'ensemble de la page, les marges du livre, et tout ce qui est extérieur à ce livre, vos mains, la chaise, les murs qui vous entourent… Vous devriez arriver sans effort à garder au premier plan la lecture des mots et à décloisonner la perception de l'espace autour.

Vous pouvez aussi maintenant reprendre une lecture plus centrée sur les mots imprimés, et saisir l'espace entre les lignes d'écriture, puis entre les mots, puis entre les lettres. Votre cerveau n'a aucune peine à faire attention à tout ceci en même temps que comprendre le sens des mots.

Vous avez expérimenté de manière très basique l'ouverture de votre attention !

Les personnes capables de maintenir leur attention en mode ouvert remarquent plus de détails dans leur environnement. En mode ouvert, on capte plus de ses propres sentiments, de ses pensées et de ses souvenirs que quand on est concentré sur la liste des choses à faire. Cette attention permet de traiter cette liste de façon égale sans humeur ni jugement. Et fait décroître l'errance mentale.

L'attention ouverte en méditation

Dans la contemplation ou méditation de pleine conscience, cette attention va s'accompagner aussi d'un mode où le cerveau va recevoir toutes les informations, mais sans les traiter.

Le cerveau, uniquement en mode perceptif, voit, sent, entend, mais ne passe pas ces informations à d'autres circuits cérébraux (mettre des étiquettes : je vois ceci ou cela, rebondir, ça me fait penser à ça, oh, cette robe est jolie, je voudrais la même…) qui, eux, sont les associations de pensées.

Les situations d'ouverture sont rares, sauf en état créatif, ou dans les loisirs. Il est donc plus que nécessaire d'apprendre à cultiver l'attention ouverte et de bien l'expliquer à l'enfant (voir les exercices de la partie 3, chapitre 2).

L'attention divisée et partagée

L'attention divisée est la capacité de partager ses ressources attentionnelles dans diverses tâches en même temps.

> ***Task switching*** **(changement de tâches en français) est la capacité à déplacer son attention d'une tâche à une autre, à s'adapter rapidement à des situations différentes.**

On observera que les jeunes enfants ne peuvent pas continuer une conversation tout en mettant un manteau, mais la plupart des enfants plus âgés le peuvent.

Attentifs malgré tout

J'ai eu beau expliquer à mon fils le coût du partage de l'attention, il a cependant continué à réviser son bac avec ses multiples écrans actifs, un pour le « fond de veille », avec les directs de ses joueurs favoris, et son écran avec son cours ou ses recherches. J'ai eu du mal à admettre qu'il travaillait avec les conversations, éclats de rire et bruitages sans être perturbé. Il avait besoin de garder un peu de « saillant » dans la monotonie des révisions, et j'imagine que son attention n'était détournée de son labeur que sur des moments ponctuels. Je peux aussi me vanter d'être moi-même capable d'une concentration extrême, j'ai toujours aimé travailler dans la cuisine au milieu de l'agitation familiale, tout comme dans l'open space au travail. Mon attention papillonne entre ma tâche principale sans en perdre le fil, et la surveillance de ce qui se passe en arrière-plan. Mais avec l'âge et la fatigue, je ressens très fortement l'impact des interruptions multiples.

Notre cerveau est conçu pour traiter simultanément des informations à partir d'au moins deux stimuli non concurrents ou de différentes dimensions dans la même modalité. Les chercheurs Larry et Rosen ont observé que les étudiants ont seulement pu se concentrer et rester focalisés pendant une durée moyenne de trois minutes à la fois et presque toutes leurs distractions proviennent de la technologie. Le principal coupable : leur téléphone et leur ordinateur portable fournissaient des interruptions constantes. Ils ont également examiné si ceux qui ont travaillé plus longtemps et qui avaient des stratégies d'études étaient de meilleurs étudiants. Les pires étudiants étaient ceux qui ont consommé plus de médias chaque jour et ont préféré travailler plusieurs tâches en même temps.

Le multitâche

Finalement, on ne fait pas vraiment plusieurs choses en même temps, on change de l'une à l'autre rapidement, et ce changement a un coût temporel et mémoriel : à chaque fois, le cerveau « tire » sur sa petite batterie comme s'il devait redémarrer son moteur et devait rétablir tout son programme pour se reconnecter.

> ***Multitasking*** **(multitâche en français) : cette expression, d'abord employée en informatique, puis appliquée à l'humain, est utilisée pour désigner la pratique de plusieurs activités en même temps et l'utilisation de plusieurs moyens de communication de manière simultanée.**

La performance de l'attention se dégrade quand les tâches utilisent le même canal sensoriel. Une tâche mécanique et automatique peut être additionnée à une autre, plus réflexive, mais pas plus. Tout dépend du contexte. Certaines tâches passent en arrière-plan, non conscientes, en fonctionnement automatique.

Dispersion, l'hyperfocalisation, ou planification ?

Le cerveau a trois manières de réagir pour gérer de multiples sources d'attention au même moment, par la dispersion, l'hyperfocalisation ou la planification.

1. La dispersion va essayer de remplir tous les objectifs dans une frénésie d'action. Dès qu'un objectif semble satisfait, on zappe sur un autre : la technique du SMS en regardant la

télé, en vérifiant les mails, et surveillant le repas du soir = multitâche. On fait tout, mais rien de bien… Un individu dispersé se laisse envahir par le contexte.

Andrew Olendzki l'explique dans *Unlimiting Mind, The Radically Experiential Psychology of Buddhism* :

« *Le mouvement de la conscience est comme celui d'un ruisseau qui descend vivement d'une montagne. S'il se disperse entre plusieurs embranchements, rendu en bas, il n'en restera plus qu'un filet d'eau peu profond. De la même façon, le réservoir de notre énergie mentale diminue en proportion directe avec la fragmentation de notre attention.* »

2. L'hyperfocalisation va permettre de se centrer sur quelque chose, aux dépens des autres. Est-on vraiment maître de son attention dans ces cas-là ? Un individu hyperfocalisé va oublier le contexte : le mathématicien, plongé dans ses raisonnements peut se faire renverser par un bus ; l'adolescent pris dans sa partie de jeu Internet, peut s'immerger deux jours dans son jeu en oubliant de manger et en repoussant les limites du sommeil.
3. Mais on peut aussi organiser stratégiquement l'effort, planifier en privilégiant temporairement un objectif, sans pour autant oublier les autres (mis en veilleuse). Le cerveau a un plan et sait ce qu'il doit faire et à quel moment. La maîtrise se situe entre les deux, en faisant momentanément abstraction sans l'oublier, c'est la tâche du système exécutif. Cela peut donc s'entraîner. Les « gamers », comme les enfants bilingues et les hauts potentiels, sont particulièrement entraînés et doués à faire la bascule d'une tâche à une autre.

Jeu du multitâche

Avec un chronomètre, prenez 7 figurines, et placez devant chacune une petite étiquette avec un prénom.

Présentez ces 7 figurines avec les étiquettes à votre enfant.

Donnez-lui 7 feuilles. Il va devoir écrire le prénom d'une figurine sur chaque feuille et la poser devant la figurine. Chronométrez ses performances dans les deux situations suivantes :

1. Il doit successivement regarder chaque figurine et noter une lettre du prénom. La première figurine est Annabelle, il note, le « A ». La deuxième figurine est Léon, il note le « L ». Puis ainsi de suite. Au deuxième tour, il écrit la deuxième lettre du prénom. Quand un prénom est complètement écrit sur la feuille, il peut poser la feuille devant la figurine. Notez le temps du chronomètre.
2. Maintenant, proposez à votre enfant de noter tout le prénom de la figurine, et de poser la feuille. Puis de noter tout le prénom de la figurine suivante, puis de poser la feuille, etc. Combien de temps a-t-il mis ?

Comparez les deux temps.

Vous pourrez constater que la première méthode est plus longue, car elle nécessite d'alterner successivement les tâches de lecture et d'écriture sur de petits éléments. Le cerveau met un certain temps à passer d'une fonction à l'autre, du mode lecture au mode mémorisation, puis au mode écriture, et de recommencer… Lorsqu'on groupe les fonctions sur un mot entier, on utilise des automatismes acquis, et on évite de multiples allers-retours sur des tâches différentes.

Ressources attentionnelles

La même tâche exige pour la même personne une quantité de ressources différente selon qu'elle utilise plus ou moins de processus automatisés (le débutant se fatigue plus vite que le conducteur chevronné). L'automatisation des tâches se fait différemment pour chaque personne. On peut noter par exemple qu'un enfant dys-, qui aura appris à gérer les tâches de lecture et d'écriture, ne montrera pas forcément de lenteur à l'exécution, mais sera limité dans le traitement des tâches nécessitant l'attention divisée qui lui demanderont plus d'effort et puiseront dans ses réserves.

Jeu : Jean qui a bien mangé

Pour expliquer le multitâche aux enfants : une main va taper sur la tête régulièrement (et doucement). L'autre main va tourner sur le ventre. Il faut faire prendre conscience à l'enfant de l'effort que fait le cerveau avant de réussir à fluidifier les gestes et à guider deux gestes en même temps. Parler en tournant la main sur le ventre ne pose pas de problème.

Attention et monde digital

Des chercheurs ont fait passer des tests à une centaine d'étudiants : d'un côté de gros utilisateurs d'Internet, d'un autre, des utilisateurs sporadiques. Il s'agissait de détecter d'infimes changements (changement d'orientation d'un rectangle, détecter des chiffres pairs de chiffres impairs). Dès que des distractions ont été ajoutées (ajout d'images ou lettres en couleurs parasites), les internautes avertis se sont révélés plus lents et moins fiables que les autres.

Thierry Baccino, professeur de psychologie cognitive, enseigne que l'homme traite en priorité les signaux venus des sens comme ses ancêtres chasseurs cueilleurs :

« Internet semble déprogrammer ce que notre cerveau avait acquis avec la lecture : la capacité de faire abstraction de l'environnement pour se concentrer. »

Avec de meilleures conditions de sécurité, l'homme au fil du temps avait développé l'habileté à se concentrer sur une tâche unique de manière ininterrompue, développant la lecture, la mémoire à long terme et le raisonnement. Le chercheur en déduit que notre civilisation nous fait repasser de cultivateurs du savoir à celui de chasseurs d'informations, retrouvant tous nos instincts primitifs.

Mais quel parent sera convaincant sur la gestion de l'attention si lui-même jongle entre son téléphone, ses mails et sa conversation ?

Quelles conséquences ?

> **Lorsqu'on est interrompu dans une tâche, on met deux fois plus de temps pour l'accomplir, et on commet aussi deux fois plus d'erreurs.**

Un neuroscientifique, Kep Kee Loh, préoccupé par les impacts du multitâche sur notre cognition et notre bien-être socio-affectif, a observé qu'une des conséquences du multitâche est la diminution de la densité de matière grise dans une région du cerveau, le cortex cingulaire antérieur, associé au contrôle cognitif et affectif. L'empathie, la prise de décision et le circuit de la récompense en sont affectés.

Ceci rejoint d'autres recherches comme celles de B. C. Ralph sur les pertes d'attention dans la vie quotidienne. Les enfants ont de plus en plus de difficulté à lire, à comprendre et à apprécier les œuvres complexes de littérature. L'impact sur la mémoire n'est pas à négliger non plus.

Interdire complètement le multitâche n'est pas la solution, car l'attention pourrait se faire saper par défaut de motivation. L'enfant prend plaisir à aller vite, à jongler, à pratiquer ce qu'il aime en même temps que ce qu'il n'apprécie pas. Il faut donc apprendre à gérer autant sa motivation que son énergie, et à ne pas épuiser ses réserves. Il vaut mieux que l'enfant expérimente les différentes formes de son attention et les utilise à bon escient.

Bien utiliser son attention se fait en donnant son temps à chaque tâche. Prendre le temps de faire l'une après l'autre, garder en mémoire ce pourquoi on le fait et vers où l'on va permet d'y accorder toute son attention.

Que faire ?

Quantifier avec l'enfant les temps d'utilisation de l'écran vous permettra de placer avec lui des limites réalistes et d'établir des règles. Avoir des conversations hebdomadaires, brèves et calmes ensemble sur la technologie est très important. Il est nécessaire de ne pas laisser l'enfant fasse aux écrans seul et longtemps, d'équilibrer ses activités, ses interactions directes avec les autres, et de l'aider à développer son potentiel d'analyse, de synthèse. D'autre part, il ne faut pas négliger le système poussant à l'augmentation du temps de « consommation » développé à dessein par les activités ludiques et sociales véhiculées par ces écrans. Ne pas tomber dans les pièges de l'addiction demande un contrôle rigoureux de soi-même, et du recul. Ces fonctions sont en construction chez l'enfant, les parents sont donc là pour le guider.

Ressources pour aller plus loin

- **Recommandations écrans/jeunes enfants : https://naitreetgrandir.com/fr/etape/1_3_ans/jeux/fiche.aspx?doc=ecrans-jeunes-enfants-television-ordinateur-tablette**
- **Enfants : quel écran pour quel âge, une infographie pour répondre aux questions que se posent tous les parents au sujet des écrans pour leurs enfants et surtout quel écran pour quel âge, https://app-enfant.fr/quel-ecran-pour-quel-age-infographie**
- **La règle des 3-6-9 par Serge Tisseron : www.yapaka.be/sites/yapaka.be/files/publication/ta-64-ecrans-tisseron-web.pdf**
- **Le site http://www.screenagersmovie.com présente des outils et le film Screenagers par Delaney Ruston pour aider les familles, et donne l'exemple de règles qu'on peut proposer d'instaurer en famille.**

Attention et mémoire

Selon des chercheurs de l'Institut universitaire en santé mentale Douglas, lorsque nous divisons notre attention entre deux tâches, notre cerveau a du mal à encoder les informations et, par conséquent, à les retenir. Quand notre attention est sollicitée par plusieurs sources, le cerveau ne parvient plus à transférer les informations vers la mémoire à long terme.

« *Le changement d'attention entre les événements externes et internes semble être un élément important dans le maintien et la mise à jour des mémoires à long terme, car il lie les expériences passées à la situation actuelle. Une grande partie de notre activité consciente met en route des liens conscients vers des expériences culturelles que nous avons eues [...]. La remémoration renforce les réseaux de neurones qui les contiennent et les traitent*[4]. »

L'attention joue sur différentes phases de la mémorisation. La mémoire ne sera possible qu'en fonction de la qualité de l'attention et la manière dont s'effectue l'acquisition (encodage).

Le cerveau est capable de plusieurs types d'encodages : le premier est automatique, il est involontaire et requiert un effort d'attention minimal.

> **L'attention sert à mieux saisir et transmettre les informations à la mémoire. Plus nous encodons l'information de manière élaborée au moment de l'apprentissage en multipliant les canaux sensoriels, liant à du sens, à du déjà connu, plus nous nous en souviendrons.**

Le deuxième type d'encodage, volontaire celui-ci, est nécessaire à l'apprentissage ; il est utilisé par exemple pour le langage (apprendre à lire et à écrire), ou pour se souvenir d'une heure de

4. Robert Sylwester et Joo-Yun Cho, *What Brain Research Says About Paying Attention.*

rendez-vous, le nom d'une personne… L'encodage sémantique prête attention à la définition et signification des mots ; l'encodage phonologique implique une comparaison entre les sons et l'encodage structurel va comparer les formes par un examen visuel. Ce dernier est le plus superficiel.

La mémoire de travail

Notre système attentionnel alimente une mémoire tampon à court terme qui nous permet de stocker quelques unités d'information pendant plusieurs minutes, alors que nous déterminons s'il faut passer à autre chose ou stocker les données dans notre mémoire à long terme. Notre mémoire de travail nous permet donc de garder l'information disponible pendant un temps cours pour pouvoir la traiter, l'analyser, prendre une décision, calculer (empan mnésique). Elle dispose d'une capacité très limitée : elle ne peut conserver simultanément que 7 éléments, +/– 2 en fonction des individus pendant une période de 30 secondes.

Vous pourrez noter que l'entraînement de la mémoire de travail a des impacts sur les symptômes d'enfants atteints du TDA/H.

Jeu défi

Cherchez une photo d'un lieu, d'un village, d'une ville, d'un pont, etc. Expliquez que ce lieu a pour nom « Azergololopatarafidotiantulus » (ou le mot de votre choix). Cherchez avec votre enfant les stratégies pour se souvenir du nom et pouvoir montrer à une autre personne cette photo en prononçant le nom sans se tromper…

Pour rappeler la mémoire, il faut jouer sur tous les chemins possibles d'accès à l'information, utiliser des indices, tous les liens qui ont été créés, un peu comme on suit le fil qui permet de retrouver toute la pelote. Et là aussi, le processus de l'attention intervient.

Le voyage des mots

Un adulte et son enfant. Écrivez une liste de mots (le nombre de mots est à adapter en fonction des capacités de votre enfant), et mettez-la dans la chambre de votre enfant. Laissez à côté de cette liste une feuille blanche. Placez-vous dans une autre pièce avec une autre feuille blanche.

Demandez à votre enfant d'aller dans la chambre lire la liste. Il doit faire attention à combien il y a de mots, à quoi cela lui fait penser, dans quel ordre ils sont. Ensuite, il doit soit recopier cette liste sur l'autre feuille, soit faire des dessins ou noter des signes pour la mémoriser.

Puis votre enfant revient auprès de vous. Vous lui faites fermer les yeux et essayer de « voir » ce qu'il a marqué sur la feuille pour se souvenir.

Ensuite seulement, il pourra vous énoncer la liste de mots qu'il a retenus.

L'attention parfois trompeuse

> « *En faisant attention à la cuillerée, on perd tout le pot.* »
>
> Proverbe birman

Regardez un iceberg : on n'en voit que la face supérieure non immergée ! Nous ne percevons qu'une partie de la réalité. Nos yeux voient le monde, et l'attention n'en traite qu'une partie. Beaucoup nous échappe, reste invisible, caché… Quand vous regardez la Lune, vous pouvez n'en percevoir qu'un croissant, et pourtant, elle est bien ronde !

L'attention agit de même, elle ne montre qu'un aspect des choses.

Et si je vous mets un bandeau sur les yeux et que je vous fais découvrir quelque chose rien que par le toucher, vous serez surpris de découvrir combien l'objet réel est différent de celui que vous avez imaginé.

Le cerveau a besoin de relier à un contexte pour décoder l'information qu'il perçoit, et donc, tout dépend de ce qu'il a comme base de contexte.

Le développement de notre attention au cours de l'enfance permet de combiner des éléments connexes : nous voyons automatiquement un visage comme une seule unité (plutôt que comme un œil individuel/oreille/nez/bouche).

La cécité d'inattention a été démontrée par une célèbre expérience de Simons et Chabris (http://www.dansimons.com ; vidéo de Dan Simons : www.theinvisiblegorilla.com/videos.html). Il arrive que nous ne percevions pas un changement, alors qu'il se déroule sous nos yeux et que nous avons été avertis qu'il surviendrait. Visionnez cette vidéo et faites l'expérience !

Magie ou défaillance du cerveau ?

D'un seul regard, notre cerveau « capte » beaucoup de choses d'après une simple forme. Il ne détecte pas les moindres détails et souvent, c'est le contexte qui lance l'interprétation. Si le cerveau a le moindre « doute », alors il reste attentif un peu plus longtemps pour prendre le temps d'analyser avec plus de précision.

Test : illusions

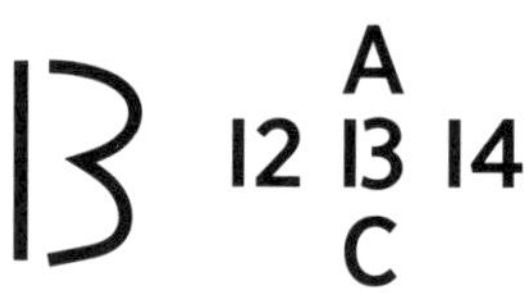

Est-ce un B ou un 13 ?

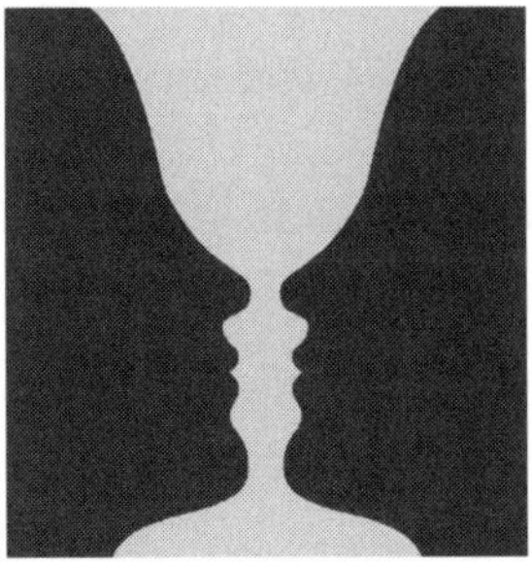

Est-ce un vase ou 2 visages ?

L'effet Stroop a été mis en évidence par John Ridley Stroop dans le test présenté dans le *Journal of Experimental Psychology* en 1935. Il s'agit de lire à voix haute des noms de couleur, écrits dans des couleurs différentes. Quand les mots et les couleurs associées ne correspondent pas, on constate un phénomène d'interférence. On lit automatiquement le mot, l'hémisphère droit détecte la couleur, le gauche reconnaît le mot, et ce, plus vite que le droit ! L'effet Stroop nous informe sur la qualité des processus cognitifs automatiques de la lecture. Pour le dompter, il faut redoubler d'attention afin d'empêcher les automatismes.

La magie exploite directement certaines failles du système attentionnel. Si le spectateur ne remarque rien, c'est parce que le magicien introduit un décalage subtil pour détourner le regard par l'attraction de l'attention. Il masque son geste par un événement plus saillant.

Notre cerveau apprend à appeler un chat un chat. Dès qu'il regarde une fourchette, il ne pense pas à sa forme, le mot lui vient, son « étiquette », et son usage. Ce phénomène peut être intéressant pour dompter son attention et s'obliger à maintenir une attention volontaire de redécouvrir le monde qui nous entoure de manière créative en débranchant ces raccourcis et réflexes mentaux.

Jeu : dynamique de l'objet détourné

En famille. Pour apprendre à voir les choses autrement et les redécouvrir, travailler sa créativité.

Choisissez quelques objets usuels simples (fourchette, balai, téléphone, etc.). Proposez à l'enfant de mimer un usage différent que celui auquel il est destiné.

L'ESSENTIEL DE CE CHAPITRE

- **Parce que notre cerveau est plastique, notre capacité d'attention peut se détériorer et s'améliorer.**
- **Les circuits de l'attention dans le cerveau sont très fortement liés à ceux des fonctions primitives, émotionnelles, au circuit du plaisir, et sont régulés par les fonctions préfrontales, qui choisissent et fixent.**
- **La qualité de notre attention peut rendre heureux. Lorsqu'on est présent à soi-même et attentif à ce qu'on fait, le cerveau sécrète de la dopamine, ce qui apporte du bien-être.**
- **L'attention peut être focalisée, centrée sur un ensemble d'informations provenant d'un ou des sens, une sélection d'éléments aux dépens d'autres, ou au contraire elle peut être ouverte, recevant de multiples informations non triées provenant de tous ses sens au plus large.**
- **L'attention peut se soutenir un certain temps (concentration), mais on ne peut pas tout avoir au centre de notre attention. Elle se divise et n'est pas toujours traitée de la même façon : certaines tâches passent en arrière-plan, en fonctionnement automatique, non conscientes. Le cerveau a trois manières de réagir pour gérer de multiples sources d'attention au même moment : par la dispersion, l'hyperfocalisation ou la planification.**
- **La concentration est volontaire, alors que l'attention ne l'est pas toujours.**
- **L'attention se laisse berner par les illusions, car le cerveau interprète selon ce qu'il connaît ou ce qui l'intéresse.**

CHAPITRE 3

L'ATTENTION SOUS INFLUENCE

« L'attention se laisse capturer par ce qui est brillant, sonore, nouveau, ce qui nous émeut, ce qui nous obsède, ce que regardent les autres, ou tout simplement par ce à quoi nous avons l'habitude de faire attention. »

J.-P. Lachaux[5]

Au programme

- **Créer un environnement propice à l'attention**
- **Respecter les conditions physiques**
- **Déjouer les facteurs psychologiques**

La capacité d'attention est variable pour chaque personne.

Comme l'attention est une faculté fragile influencée par plusieurs facteurs, il est important de bien se connaître pour se placer dans des conditions optimales.

5. *Le Cerveau attentif.*

Créer un environnement propice à l'attention

Les facteurs qui influencent l'attention peuvent être physiques ou externes ; ils dépendent du stress, des préoccupations et des caractéristiques de la tâche.

Des problèmes sensoriels (auditifs, visuels) peuvent affecter l'attention, tout comme la santé, la fatigue et donc la qualité du sommeil, la douleur ou la faim, la motivation, l'habitude, la nouveauté, la curiosité, l'éducation… Si vous voyez votre enfant agité ou qu'il est préoccupé, si vous entendez votre enfant dire : j'ai sommeil, j'ai faim, j'ai envie de faire pipi, j'ai pas envie, j'aime pas, je m'ennuie, c'est toujours la même chose, ça m'intéresse pas, c'est pas important, c'est trop long ou s'il a peur ou est en colère… L'attention en pâtira.

Le tableau suivant est adapté à partir de celui présenté sur le site www.tdah-adulte.org.

Augmente la qualité d'attention	Diminue la qualité d'attention
Journée ou week-end de coupure, vacances dépaysantes fréquentes et courtes dans la nature	Écouter des gens nombreux parlant en même temps
Se rendre utile aux autres Présence d'un animal domestique (chien, chat), maîtrise d'un cheval	Contact avec des gens négatifs et dévalorisants, subir les gens qui ne croient pas en nous
Être en harmonie avec son entourage, alterner la compagnie des gens qu'on aime (famille, amis, amour)	Jouer les rôles de *victime*, de *persécuteur* ou de *sauveteur*
Le sommeil	
Rituel d'endormissement	Mal dormir : trop, ou pas assez
Bonne nuit de sommeil en se couchant plus tôt, sieste courte moins de 30 min ou 2 min	Soirée agitée mentalement et/ou sur les écrans

Se remémorer les 3 meilleurs moments de la journée avant de s'endormir	Pensée négative juste avant de s'endormir
Alimentation/Hygiène	
Manger équilibré	Manger trop de sucre
Douche froide ou glaciale intégrale (développement indirect de la volonté)	Manger trop ou pas assez
Douche alternée froide, puis chaude sur les jambes, le ventre, le dos, etc.	Plusieurs tasses de café, thé, coca par jour
Activités	
Rituel du matin avec de petits exercices, étirements, yoga, méditations, respirations	Se mettre devant un écran tôt le matin ou tard le soir
Marche ou sport 1 heure par jour, séance sportive de type cardio (jogging, vélo, natation, marche nordique, etc.)	Activités trop fréquentes sur l'ordinateur ou la télévision
Sortir dehors, prendre le soleil	Ne pas sortir, n'avoir aucune activité physique
Activités manuelles ou loisirs créatifs qui débranchent le cerveau, pratiquer son art favori (peinture, sculpture, musique, théâtre, etc.)	Émissions pessimistes et journal télé ou radio
Position, espace	
Soigner sa posture, se tenir droit, varier sa position, sourire	Travailler trop, assis, sans bouger
Salle bien éclairée, calme, espaces rangés et distincts selon les types d'activité	Environnement bruyant, agitation, peu d'éclairage Environnement non rangé (maison/bureau ou école)

Respecter les conditions physiques

Rythmes

Notre attention suit les rythmes de la chimie de notre corps : notre capacité de maintenir l'attention est affectée par les fluctuations cycliques des molécules des neurotransmetteurs de notre cerveau. Ces fluctuations se produisent en cycles de 90 minutes sur 24 heures[6].

Les rythmes varient en fonction des individus, mais vers 6 heures du matin beaucoup de gens éprouvent une forte augmentation de la disponibilité de ces molécules attentionnelles (cela nous réveille) et le niveau moyen des molécules reste relativement élevé. Les niveaux moyens commencent à diminuer pendant l'après-midi et atteignent leurs niveaux les plus bas après minuit, lorsque le sommeil devient inévitable.

L'attention varie au cours du temps, elle s'adapte à la situation pour économiser les ressources.

Les recherches montrent que l'attention chute naturellement au bout d'environ 10 minutes. Au bout de 20 minutes, le taux d'assimilation d'informations chute de plus de 50 %. Dans les 24 heures suivant une formation, ce taux chute encore à 80 %. Et dans le mois qui suit, si rien n'a été fait pour réactiver ce contenu, on n'en garde aucune trace.

La capacité minimale souhaitable de concentration soutenue (sans pause) devrait être de moins de 20 minutes.

Pour optimiser l'attention dans le temps, il est conseillé de changer régulièrement l'intensité de l'attention demandée en alternant les activités où les enfants doivent rester assis, où ils peuvent bouger, celles de groupe ou individuelles, celles qui demandent une participation ou de l'écoute.

6. J. A. Hobson, *Sleep*.

Vigilance

La vigilance concerne l'aptitude à maintenir dans le temps un niveau attentionnel suffisant pour détecter efficacement un signal d'alerte.

Les vigiles, les observateurs d'oiseaux ou pêcheurs, les conducteurs ou navigateurs connaissent bien ces variations. On peut dire que l'attention est plus ou moins active en fonction de la vigilance de l'individu, entre son niveau actif et celui de veille. Tous les systèmes attentionnels ne se déclenchent pas de la même manière en fonction de l'état de vigilance : au niveau d'attention extrême où tout stimulus est analysé consciemment, ou au contraire au niveau des automatismes opérants laissant certains stimuli sortir du lot.

> **L'attention faiblit avec la fatigue. Le corps et le mental ont besoin de toutes leurs ressources pour agir à plein potentiel. En cas de fatigue, l'attention est moins vigilante, et part plus facilement en « système automatique », cela consomme moins d'énergie.**

Les enfants peuvent recourir sans se rendre compte à des stratégies de lutte contre la perte de vigilance, comme porter attention à tout ce qui les entoure, surtout les détails les moins pertinents, chantonner, parler, se montrer agités ou dissipés, car s'ils se tiennent « tranquilles », leur esprit s'embrume et perd de la vigilance.

La loi de Yerkes-Dodson[7], reprise et adaptée par Hebb, montre ci-dessous que le niveau d'éveil influe sur la performance. Ses travaux ont présenté plus subtilement qu'il était plus efficace de réaliser des tâches complexes en éveil assez bas, et que les tâches routinières bénéficiaient d'un niveau d'éveil très élevé,

7. Godefroid, 1987, http://web2.uqat.ca/profu/textes/strat_app/05concentration.htm

sans doute pour ne pas entrer trop, justement, dans l'automatisation des tâches.

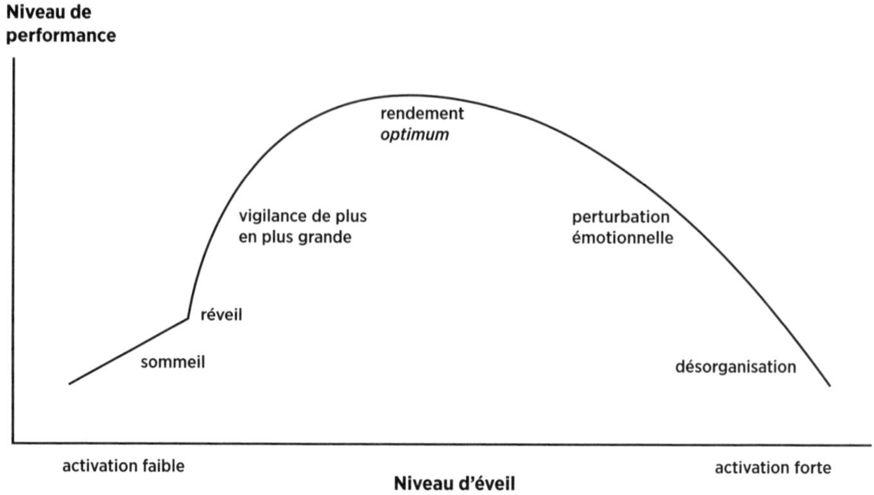

Ces recherches corroborent donc la proposition d'utiliser des pratiques relaxantes pour descendre le niveau d'éveil avant un travail nécessitant une attention soutenue (faire de petits exercices avant les devoirs d'école), en revanche d'élever au maximum sa vigilance lors d'utilisation de mécanismes automatisés, comme le fait le sportif.

On notera que des substances chimiques peuvent augmenter ou diminuer le niveau de veille. Utilisés avec modération, un aliment ou une boisson sucrée donneront un petit coup de pouce momentané.

Routine

La monotonie d'une tâche va facilement provoquer la distraction.

Toute tâche effectuée plusieurs fois va s'automatiser et ne demandera pas autant de ressources attentionnelles. C'est utile pour « économiser de l'énergie », mais parfois, il faut savoir débrancher le pilote automatique et maintenir son attention vigilante.

Un travail routinier, répétitif et fastidieux bénéficiera d'une ambiance stimulante et d'un niveau élevé d'activation cérébrale. En revanche, la résolution de problème, l'étude et l'apprentissage profitent mieux d'une atmosphère tranquille, calme et relaxée, avec un niveau d'activation cérébrale moindre. Il nous faut en conséquence adapter l'environnement de travail à la nature de la tâche.

Déjouer les facteurs psychologiques

L'attention attirée vers le langage interne...

Notre attention est spontanément attirée par ce qui nous préoccupe à un moment donné. Par exemple, lorsque nous avons faim, les images évoquant la nourriture attirent plus facilement notre attention.

Il est normal que les préoccupations aient tendance à revenir naturellement dans notre champ d'attention. Nous avons besoin de tourner et retourner dans notre tête « le problème » (tensions entre amis, cahier oublié, douleur, etc.) ; notre cerveau a besoin d'analyser et d'explorer pour pouvoir le résoudre. Mais ces pensées deviennent parasitaires si elles sont obsédantes : c'est ce que l'on appelle des ruminations.

Elles empêchent le bon fonctionnement de l'attention, jusqu'à interrompre la tâche qu'on est en train d'exécuter, et contribuent à démotiver et à diminuer la résistance aux distractions.

Les ruminations peuvent empoisonner le fonctionnement du cerveau, tellement l'occuper, qu'il ne pourra plus se concentrer sur d'autres tâches, et finiront par l'épuiser.

Obsession de la réussite

J'ai vu le cas d'une jeune fille extrêmement brillante, Alizée, 13 ans, ayant de très bons résultats et douée pour la danse et les arts. Elle a montré des signes de fatigue, et de démotivation. Or Alizée mangeait de moins en moins et avait de plus en plus de mal à rester attentive. Parfois, il fallait lui répéter plusieurs fois les informations. Après deux mois de pratique de sophrologie et de techniques de méditation, Alizée s'est enfin confiée : « Je ne savais pas que j'étais occupée par mes pensées. En fait, mon cerveau se faisait constamment la conversation et tournait en rond. Je ne m'en rendais pas compte. » Peu à peu, elle a réussi à prendre conscience de ses pensées parasites, tournées vers son perfectionnisme, elle établissait constamment des « plans » pour rester au top, pour résoudre ses problèmes relationnels. Elle était sincèrement peinée et ne comprenait pas qu'on ne l'aime pas, car elle faisait « tout pour plaire », en vain.

Les ruminations sont un phénomène normal, le cerveau place sur le mode inconscient et automatique de nombreuses réflexions pour les régler. Cela laisse de la place au fonctionnement quotidien conscient et permet que celui-ci se fasse en tâche de fond.

Le contrôle de son langage interne est un facteur important dans la capacité à pouvoir mobiliser et focaliser l'attention. C'est une sorte de discours intérieur avec nous-même qui accompagne tout naturellement. Il est donc important d'apprendre à en prendre conscience (exercices de méditation).

… et par ce qui l'intéresse

> « *Il ne suffit pas, pour écrire, d'attirer l'attention et de la retenir. Il faut encore la satisfaire.* »
>
> Joseph Joubert, *Carnets*

« Nous ne prêtons pas attention à ce qui nous ennuie », dit John Medina dans *Les 12 lois du cerveau*. Est-ce vrai ?

Nous sommes attirés par ce qui bouge, ce qui brille, ce qui est différent, ce qui est nouveau, cela provient du réflexe primaire de notre ancêtre chasseur cueilleur : l'attention implicite vers les éléments saillants était primordiale pour la survie. Le chasseur au regard aiguisé avait plus de chance de ramener à manger que celui qui attendait que le steak lui tombe tout cuit des arbres !

Ce qu'on sait, c'est que l'intérêt ou l'« importance » suscite l'attention.

Lorsque nous cherchons consciemment une information spécifique, notre système attentionnel se prépare en anticipation. Il augmente les niveaux de réponse des réseaux qui traitent cette information, et il inhibe d'autres réseaux.

À chaque moment, notre principale activité attentionnelle est donc la sélection constante et consciente d'une focalisation. Nous devons extraire ce qui est le plus important de son contexte, puis nous concentrer sur lui alors que nous surveillons simplement l'arrière-plan.

> **Tout est donc une question de choix entre ce qui est important et ce qu'on ignore ou laisse de côté.**
>
> **Or notre état d'esprit et notre bien-être dépendent beaucoup de ce sur quoi notre attention est dirigée.**

La concentration est l'état de stabilité obtenu par la réceptivité, le point fixe qui va permettre de passer à l'acte. Mais pour cela, il faut un moteur, la volonté. Passer de l'acte senti, à l'acte contrôlé puis à l'acte volontaire. *La liberté ce n'est pas faire tout ce que l'on veut, c'est vouloir tout ce qu'on fait.* Il ne faut pas aller contre soi, mais diriger toutes ses forces dans la direction choisie.

Mais qu'est-ce qui motive l'attention ?

Il vaut mieux éviter le plus possible l'absence de motivation ou une motivation de type extrinsèque comme la technique des récompenses et des punitions, le chantage, car cela engendre plutôt de la résistance et de l'anxiété.

« *La motivation joue un rôle primordial dans la réussite des apprentissages, notamment la motivation intrinsèque. Tout individu apprend d'autant plus facilement qu'il le fait pour lui-même, avec l'envie de comprendre. Bien qu'il soit difficile, à l'heure actuelle, d'imaginer une approche éducative ciblant plus cette motivation intrinsèque que celle centrée sur des systèmes de punitions/récompenses ("la carotte et le bâton"), le bénéfice d'une telle approche serait tel qu'il est primordial que la recherche s'oriente vers ce domaine*[8]. »

La motivation intrinsèque peut se définir comme une activité que l'on exerce pour la satisfaction qu'elle procure en elle-même. L'intérêt éprouvé par l'activité elle-même facilite un démarrage rapide et une excellente résistance aux distractions, ainsi qu'une focalisation.

Là où il y a une subtilité à comprendre, c'est qu'une motivation orientée exclusivement vers la réussite, avec la pensée plus tournée vers les bonnes notes, la fierté, mais sans intérêt réel pour la tâche sera moins favorable à la concentration.

Edward Deci, dans le cadre d'une expérience en 1971 impliquant la réalisation de puzzles, a mis en évidence que les joueurs à qui on ne promettait pas de récompense jouaient plus longtemps dans une phase de libre choix. À l'inverse, les joueurs « renforcés » (par une contrainte extérieure de type récompense ou autre) jouaient moins : ils ne jouaient plus pour l'intérêt du jeu (= motivation intrinsèque), mais pour l'obtention d'une récompense (= motivation extrinsèque).

8. *Comprendre le cerveau*, éditions de l'OCDE.

Il est nécessaire, avant tout, d'avoir envie d'affûter ses capacités d'attention.

Et pour que l'enfant en ait envie, il lui faudra croiser dans le regard de l'adulte encadrant suffisamment d'attention tant en présence qu'en lâcher-prise, de rigueur et de persuasion. Pour convaincre l'enfant du bien-fondé, il faut l'accompagner, faire avec lui, le vivre soi-même.

Au-delà de l'obligation, faire pour soi, saisir le sens

L'homme a un besoin de se sentir libre et indépendant. En outre, le sentiment d'autonomie est modulé par deux autres besoins : celui de se sentir compétent et celui d'appartenance sociale. La vie en groupe (famille, école, amis) permet de créer des valeurs qui vont à leur tour influencer la motivation.

Lorsqu'un individu est modulé par des contraintes extérieures, ses motivations sont extrinsèques.

Lorsque l'enfant choisit lui-même son activité, il a un fort sentiment d'autonomie : ses motivations sont intrinsèques. Lorsqu'il ne voit plus de relation entre ce qu'il fait et les résultats de son activité, ou que celle-ci n'a aucun sens pour lui, il est démotivé.

Acquérir la motivation intrinsèque va aussi favoriser l'autodiscipline et la persévérance face aux difficultés, ainsi qu'une approche stratégique de l'apprentissage. Il s'accompagne en général d'un fort sentiment de compétence à atteindre les objectifs fixés.

Ce qui correspond à notre culture, valeurs, aspirations profondes

L'attention évolue en fonction de l'âge, de la culture, de la responsabilité, de l'autonomie… Par exemple, l'enfant sera attentif lorsqu'il joue, lorsqu'on lui présente quelque chose de nouveau, ou vers des « détails » comme un papillon qui volette par là, ou le camion poubelle qui passe juste devant.

La maman va plus facilement voir que les chaussettes traînent par terre, parce qu'elle a envie d'une maison en ordre et propre, alors que l'enfant marchera dessus sans les voir, même si on lui a répété de les mettre au linge sale. Son attention est ailleurs.

La maîtresse de votre fils ne vous a pas dit bonjour, ce n'est pas qu'elle vous ignore, c'est simplement que son attention est captée par ses pensées, par le comportement d'un enfant, ou qu'elle n'a pas fini de préparer l'activité du matin…

Un enfant en manque de confiance remarquera d'autant plus les signes qu'il interprétera dans le sens d'une mise en danger.

Un enfant en manque d'attention cherchera tout ce qu'il pourra analyser comme du rejet.

> **Sentir, évoquer et débattre des besoins, capacités et valeurs ont un impact sur la compréhension des ressorts de l'attention.**

Les changements apportés par l'attention et la prise de conscience de ceux-ci concernent d'abord l'attitude intérieure, la façon dont on est en relation avec soi, puis l'expression plus juste de sa propre nature qui se matérialise dans le comportement extérieur et les relations aux autres.

Le rôle particulier des émotions

« L'intelligence émotionnelle est une aptitude maîtresse qui influe profondément sur toutes les autres en les stimulant ou en les inhibant. »

Daniel Goleman, *Intelligence émotionnelle. Accepter ses émotions pour développer une intelligence nouvelle*

Le mot émotion vient du latin *motio* « action de mouvoir, mouvement ». Une émotion est une réaction physique et psychique à des sensations, à une expérience et une réaction psychologique et physiologique face à une situation externe (environnementale) et interne (biochimique).

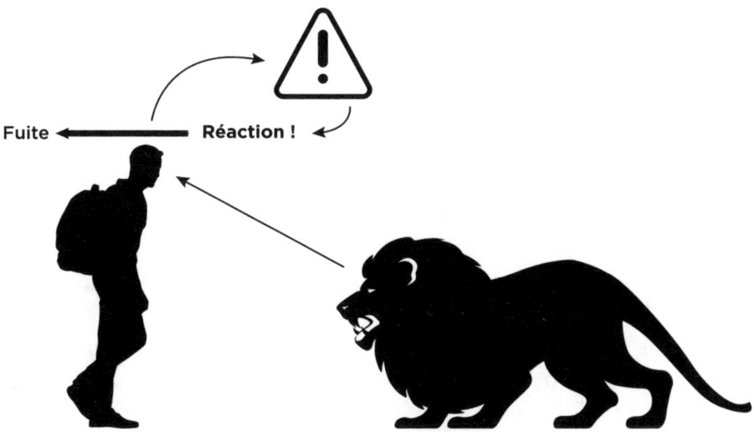

L'émotion a d'abord une manifestation interne et génère une réaction interne et extérieure. Elle est provoquée par la confrontation à une situation et à l'interprétation de la réalité.

Je vois un lion = sens de la vue

Analyse et identification du lion par les pensées (conscientes ou non). Le système limbique confronte à ce qu'elle en connaît et tire le signal d'alarme si besoin.

Le corps réagit

Les sensations physiques : cœur, respiration, etc.

Je fuis ! = réaction

Les émotions fixent l'attention

Parce que les émotions captent notre attention, elles peuvent permettre une meilleure mémorisation des événements. Cicéron en – 54 avant J.-C. rapporta la légende grecque de Simonide. Il avait été invité à un repas et juste après être sorti de la salle, le toit s'est écroulé sur les convives. Il avait été capable après coup de retrouver dans sa mémoire la place de chacun, ce qui permit d'identifier les corps. Le souvenir s'ancre profondément lors d'événements extraordinaires ; chaque génération en garde l'expérience, par exemple lors de la mort de Kennedy ou du 11 Septembre.

Cela s'explique par l'influence de l'amygdale, qui joue un rôle central dans les émotions. Celle-ci libère d'autant plus de dopamine que l'événement est marquant côté émotion ; or cette substance facilite la mémoire et la précision des informations.

Jouer sur les émotions

Pour les parents. Imaginez que vous devez donner à lire 8 livres à votre enfant – qui n'aime pas lire. Or ces livres sont indispensables. Comment allez-vous lui présenter ? Laquelle de ces trois propositions sera la « mieux » accueillie par votre enfant ?

- Vous lui dites de manière neutre : « Il faut que tu lises ces 8 livres. »
- Vous lui dites en le menaçant : « Tu dois lire ces 8 livres, sinon tu ne comprendras jamais rien. »
- Vous lui dites en mettant de grosses lunettes et en riant : « Ah, j'ai trouvé ces 8 livres intéressants. Ils sont peut-être un peu compliqués, mais cela devrait t'aider à mieux comprendre. Tiens regarde là, il y a un truc bizarre, ça devrait t'intéresser. On commence la lecture ensemble ! » Et vous ouvrez le livre et commencez à lire avec lui.

Comprendre les émotions et leur impact

On utilise encore beaucoup trop l'impact de la peur comme fixateur de l'attention que cela soit dans le système scolaire ou l'éducation faite par les parents. La peur agite dans le cerveau le drapeau de menace « Attention danger ! » afin de le préparer à agir pour fuir ou combattre.

L'émotion de colère véhicule quant à elle la préparation à une action défensive.

Un enfant peut ressentir la peur de la punition, de ne pas réussir, de ne pas avoir assez de temps, la colère face à une réprimande, ou de ne pas comprendre. La réaction chimique développée dans le cerveau lors de ces émotions provoquera le « gel » des fonctions cognitives, l'impossibilité de réfléchir et de développer un raisonnement. En revanche, les réflexes primaires basés sur la « survie » – fuir ou combattre – seront exacerbés. Ne vous étonnez pas de rencontrer alors l'agressivité ou la passivité.

Provoquer la peur chez l'enfant est souvent une manœuvre inconsciente et parfois indélicate : l'adulte veut un résultat pour que l'enfant fasse au mieux, voire se surpasse, puisque « la peur donne des ailes » ou qu'elle est utilisée à bout d'argument en technique de chantage « si tu… tu auras… ».

Pas facile ? Je suis d'accord ! Mais n'oublions pas toutes les ressources des émotions ! Car la joie et la surprise sont les potions miracles et le plus facile à utiliser pour motiver nos enfants. Reine des émotions, la joie nous permet d'envisager l'inconnu, elle galvanise et donne l'énergie immense pour dépasser les difficultés et tracer un chemin… Avec la joie, aucun obstacle ne résiste.

L'ESSENTIEL DE CE CHAPITRE

De tous les facteurs, ceux psychologiques primeront et aideront à maintenir l'attention dans le temps, volontairement.

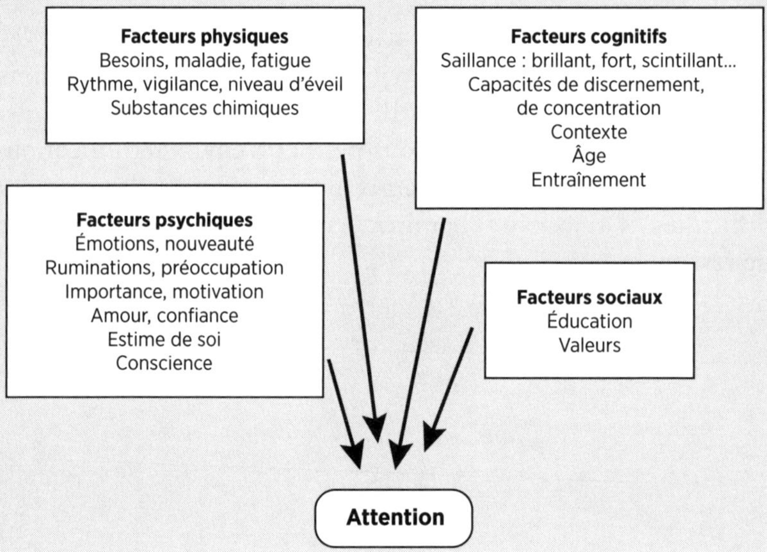

PARTIE 2

PERMETTRE À L'ATTENTION DE SE DÉVELOPPER

CHAPITRE 1

ATTENTION DU PARENT À SON ENFANT

« Mes parents étaient la protection, la confiance, la chaleur. Je l'éprouve encore aujourd'hui quand je songe à mon enfance, cette sensation de chaleur au-dessus de moi, derrière moi, autour de moi. Cette impression merveilleuse de ne pas vivre encore à son compte, mais de s'appuyer tout entier, du corps et de l'âme, sur d'autres vies qui acceptent. […] Et c'est cela que j'appelle le bonheur de mon enfance. C'est une armure magique qui, une fois posée sur vos épaules, peut être transportée à travers votre existence entière. »

Jacques Lusseyran, *Et la lumière fut*

Au programme

- Osez vous interroger sur votre propre attention
- Qualités de l'attention à son enfant
- Pas d'enfant parfait ni de parent parfait

Pour permettre à l'attention de se développer chez l'enfant, il faut tout d'abord créer un cadre propice, et savoir l'« entourer ». Donc, dans un premier temps, analyser quelle attention on accorde soi-même à son enfant. Lui donner de l'attention signifie qu'on l'accepte comme il est, et qu'on sait porter son attention sur lui, ni trop ni trop peu.

Osez vous interroger sur votre propre attention

L'attachement est le lien affectif qui s'établit entre les enfants et leurs parents ou adultes référents responsables. Une relation d'attachement sécurisante permet à un enfant d'évoluer dans un climat de confiance et de sécurité.

Bien souvent, les parents n'imaginent pas comment leur enfant ressent leur relation attentionnelle. Il est pourtant indispensable de bien comprendre l'influence de sa propre attention sur son enfant.

Mes parents...

J'ai entendu un enfant me faire la remarque suivante alors que je lui demandais si ses parents l'aidaient le soir pour ses devoirs : « Mes parents m'ont eu "vieux", et ils ne se sont pas occupés de moi comme de mon frère. Ils pensent que je peux me débrouiller. J'aime bien faire ce que je veux, ne pas avoir autant d'interdits que lui, mais parfois j'aimerais bien quand même sentir que j'ai des parents. » Alexandre ne répondait pas vraiment à ma question, je voulais savoir s'il avait de l'aide, mais il m'a clairement fait sentir qu'il en aurait bien aimé, qu'il comparait sa situation avec celle de son frère plus âgé, mais surtout le ressenti de la différence d'attention de ses parents était considéré comme un laxisme de leur part.

Voici d'autres ressentis que j'ai aussi recueillis :

« J'étais l'aînée, alors mes parents pensaient que je devais être raisonnable. J'ai toujours filé droit comme ils le voulaient. Toute leur attention était sur mon plus jeune frère, très agité. »

« Mon père, il ne s'est jamais intéressé à moi, il ne pensait qu'à son boulot. »

« Ma mère ne me lâche pas les baskets, elle est étouffante. »

« Ma mère, elle est là le mercredi, mais c'est comme si elle était pas là, elle téléphone, s'occupe des courses, passe l'aspirateur... Quand elle me parle, c'est pour me reprocher des choses. »

Pour décoder tous ces ressentis d'enfants, il serait judicieux de poser le questionnement sur ce qui vient de soi, son attitude, mais aussi d'aborder ce qui est posé comme filtre au ressenti de l'attention.

> **Un parent n'aura pas la même attention, selon son âge, le nombre d'enfants, ce qu'il a reçu lui-même comme attention.**

Par exemple, étudions le comportement d'un parent accompagnant son jeune enfant au parc de jeu. Ce moment passé ensemble est un véritable laboratoire de réflexion et d'étude de l'attention adulte/enfant. On pourra observer, d'un côté, l'enfant qui se sauve, celui qui se fait mal, celui qui ne veut plus partir et, de l'autre côté, le parent qui passe son temps au téléphone tout en tenant son enfant de l'autre main, celui plongé dans son livre où plus rien n'existe… Dans quelle mesure l'adulte va-t-il laisser l'enfant jouer seul et poser des limites comme ne pas sortir du square ? Va-t-il jouer avec lui et être constamment en activité ensemble ? Quand va-t-il laisser son enfant autonome, comment va-t-il le surveiller ?

Tout ce jeu de *je fais attention à toi/tu ressens l'attention que je te porte* va influencer le comportement de l'enfant.

Les enfants souffrant du manque d'attention

J'ai été frappée par quelques cas d'enfants souffrant d'un trouble très particulier de l'attention : celui du manque de temps d'attention de leur parent.

L'attitude à l'école, un révélateur

Paulina, 8 ans, a décroché à l'école. Sa maman se plaint qu'elle n'ait aucun goût pour les devoirs. Elle a de bonnes amies à l'école. Sa maman pense que sa fille souffre d'avoir été séparée de ses camarades de l'année précédente. En effet, elle retrouve son petit groupe d'amies à la récréation. Paulina n'aime pas sa maîtresse et a un comportement assez effronté envers sa mère et de nombreux adultes. Son enseignante s'est aussi plainte du manque d'intérêt en classe, de son manque de participation. Lors d'un rendez-vous pour en parler, l'enseignante a soupçonné une dyslexie. L'orthophoniste a fait un bilan qui n'a rien constaté de flagrant, mais pour réaliser le bilan, il lui a fallu beaucoup « entourer » l'enfant, l'inciter, la motiver. L'axe de mon travail auprès de Paulina pour rétablir sa confiance a été de développer le sentiment de recevoir de l'attention. Car Paulina, toute petite, a été séparée de sa mère pour une hospitalisation. À l'époque, la maman avait mal vécu elle aussi cet éloignement et avait dénoté que sa fille « lui en voulait ». Au fur et à mesure de nos rencontres, Paulina s'est révélée très « attachante », s'agrippant à moi, au sens littéral, même. J'ai proposé à Paulina beaucoup d'exercices de prise de conscience corporelle et d'automassages, et j'ai peu à peu incité la maman à être plus attentive, notamment sur le temps des « devoirs », à les valoriser, en faire des moments d'échanges, de complicité et de jeu, ce qui participe à combler ce besoin si criant que Paulina exprimait, jusqu'à inhiber ses aptitudes d'apprentissage. La maman a aménagé ses horaires de travail pour être présente au temps de sortie d'école. Elle a essayé d'ajouter de la qualité à son attention, et Paulina, qui avait besoin de sa maman sur les temps périscolaires pour « réagir à chaud », partager ses expériences, se sentir entourée pour réaliser ses devoirs en toute sérénité, en a tiré grand bénéfice.

Donner du temps à l'enfant

Laissez votre enfant rêvasser et observer tout son soûl ! Les enfants n'ont pas la même notion du temps que les adultes. Quel parent n'a pas usé de sa patience, auprès de son enfant en bas âge alors qu'il observe pendant de longues minutes le travail des éboueurs ou une grue ? Leur attention est happée, mais la nôtre a des limites. Il est difficile de leur laisser le temps quand ils restent fascinés. La notion d'attention est intimement liée à celle du temps. Si on fait toujours courir notre enfant pour suivre le rythme des adultes, celui-ci n'aura pas le temps de poser son attention, de la laisser développer ses qualités de concentration.

> **Un critère de base nécessaire, pour agir sur l'attention de votre enfant, sera de prendre en compte le temps que vous lui accordez.**

Certaines statistiques permettent de quantifier le temps que passent les parents avec leur enfant. L'OCDE[9] observe des écarts considérables. Les disparités entre cultures et pays s'affichent : les enfants australiens passent plus de quatre heures par jour avec leurs parents, mais moins d'une heure pour les enfants coréens. Le temps passé des parents français est parmi les plus faibles : les pères consacrent un peu moins d'une heure aux jeux et aux apprentissages. Cumulé aux soins et à la surveillance, cela fait moins de deux heures par jour avec leurs enfants.

Fréquemment, le parent travaille et rentre tard. Il peut être énervé, épuisé et débordé. Il doit préparer le repas, s'occuper des tâches ménagères. D'autre part, il faut aussi gérer les devoirs, ce qui n'est pas forcément un temps d'échanges positif. Il reste alors très peu de temps pour entretenir avec l'enfant une relation paisible de qualité. Le temps très court entraîne une distension du lien affectif, la difficulté à construire une véritable relation de qualité, empathique, ce qui est à l'origine de beaucoup de malentendus. L'adulte se retrouve face au défi de s'occuper de son enfant, tout en parvenant à subvenir aux besoins du foyer.

> **N'oubliez pas que l'échelle temporelle de l'enfant est sur le quotidien et l'hebdomadaire. Un tout-petit a son organisation sur la durée d'une journée. Il est cadré par la régularité de la présence en fonction de son sommeil. Un enfant dans les classes du primaire a son organisation sur une semaine.**

Une relation trop irrégulière sera souvent perçue comme de l'« absence ». Les emplois du temps irréguliers dus au travail ou les séparations vont compliquer le ressenti attentionnel de l'enfant.

9. Dans *Comment va la vie ? 2015 : Mesurer le bien-être.*

Mais tout n'est pas une question de temps. Un parent pourra passer du temps auprès de son enfant au quotidien, mais adopter une attitude peu attentionnée : au téléphone, ou lisant, ou dans ses pensées, peu impliqué dans les activités de son enfant, dérangé par ses interventions et ses demandes. Aux yeux de l'enfant, il sera sans la qualité de présence et donc « absent ».

Pour déculpabiliser les parents qui passent peu de temps auprès de leur enfant, il est pourtant possible de donner une grande qualité d'attention dans son rapport à son enfant : un peu comme le concentré de tomate, avec juste une petite cuillère à café, on en tire toutes les qualités du goût. Ne faites donc qu'une chose à la fois, quand vous êtes avec votre enfant, soyez entièrement avec lui !

Qualités de l'attention à son enfant

Quels vont être les critères qualitatifs de l'attention que l'on porte à son enfant ? La présence ? La prévenance ? L'empathie ?

Qualité de présence

La présence à soi-même et aux autres assouplit et enrichit la relation. La connaissance de soi aide le parent à trouver la sécurité nécessaire pour vivre un peu plus paisiblement les difficultés, les remises en cause, les changements qui s'imposent, en tenant compte, sans culpabilité, de ses limites.

La qualité de présence à son enfant est très variable d'un parent à l'autre. Elle est le résultat de qualités empathiques, du vécu de la personne, de ses possibles traumatismes ou manques à combler, de ses idéaux d'éducation ou de reproduction de systèmes sociaux éducationnels… Elle est le résultat de l'écoute, des jugements, de la mise à distance de son ego ou de ses propres besoins, dispersions d'attention.

Le rapport à l'enfant nécessite une constante attention au-delà de l'assouvissement de ses besoins primaires (soins vitaux alimentaires, santé, sommeil, sécurité). L'équilibre se cherche pour l'entourer sans l'enfermer et le mettre en confiance, tout en favorisant son indépendance et son autonomie.

Dispenser l'amour

Un argument qualitatif de l'attention parentale sera l'amour : aimer est un déclencheur et un résultant de l'attention qu'on prête.

Pour que l'enfant se sente aimé, il doit entendre les mots « je t'aime », « je t'estime », « je t'apprécie ». Ils ne sont pas anodins. Ils ne sont pas évidents. Et on oublie trop souvent de les dire.

Seront aussi à prendre en compte, pour gagner en amour bienveillant et inconditionnel, la différenciation et personnalisation de l'enfant.

L'amour ne se limite pas à des sentiments, c'est aussi la relation que nous entretenons avec le monde.

« *Pour que la personne puisse s'élancer sur le chemin de la vie, il faut qu'elle rencontre un intervenant qui se mette en position d'humilité et qui soit capable de cheminer pas à pas avec elle. L'intervenant se met en position de médiateur. Il s'interpose entre une situation initiale et une solution finale. Il transmet les règles d'action et il aide à construire des projets, des compétences et des savoirs*[10]. »

Ce qui est perçu côté enfant dépend de beaucoup de facteurs, de part et d'autre. Catherine Gueguen dans *Pour une enfance heureuse* utilise l'image suivante : les parents sont le « pilier » des enfants. La métaphore choisie illustre le cas où les parents,

10. Vittoz IRDC, *Développer son attention et sa concentration.*

les piliers, ne sont pas assez présents ou attentifs, solides : la construction s'écroule, autrement dit, l'enfant peut s'effondrer mentalement.

« Plus les parents lui accorderont de l'attention et de l'amour, plus ils seront des piliers solides pour lui et plus l'enfant sera fort mentalement. Une force mentale qui lui est indispensable pour tenir debout, dans tous les sens du terme[11]. »

Créer un climat de confiance réciproque

Il faudrait faire en sorte que l'enfant se sente respecté, en accordant de la valeur à ce qu'il peut ressentir. Les enfants ont besoin qu'on s'intéresse à eux. Ils attendent qu'on les écoute et les aide.

Comme le remarquent Audrey Akoun et Isabelle Pailleau dans *Apprendre autrement avec la pédagogie positive*, l'enfant est comme une éponge ; il s'imbibe de son environnement. Pour qu'il puisse faire son parcours sereinement, il faut une bonne dose de patience et… de modestie.

Personne ne sait marcher sans essai, ni sans tomber. Allez hop, l'enfant se dresse debout, puis lâche une main, deux mains, puis prend un peu de distance, sans douter. La juste attitude d'encadrement est celle-là : avoir confiance car l'enfant est fait pour ça, pour apprendre. Il a besoin de beaucoup d'encouragements et de sentir le plaisir mutuel pour réaliser des progrès.

La confiance se gagne. Faire confiance, c'est donner à l'autre, avec un *a priori* positif, la possibilité d'agir. La recherche, l'analyse de preuves va renforcer cette confiance ou au contraire nourrir la méfiance. Le meilleur moyen de gagner la confiance est de faire ce qu'on dit, et de dire ce qu'on fait, d'être digne de

11. Catherine Gueguen.

confiance. La vérité est le ciment de la confiance. Elle évite de semer le doute et la peur.

> **Le positionnement de l'adulte face à l'enfant lui permet de se sentir vivant, reconnu et important, état nécessaire pour aller vers l'avant.**

La toute première des postures à cultiver est donc celle de sa propre attention, de sa curiosité et sincérité face à l'enfant, d'essayer de le connaître sans le juger, de lui laisser ses chances encore et encore et de ne pas exiger ce qu'on attend de lui, car l'enfant a son propre chemin. Ce n'est pas le chemin qu'il faut tracer, mais mettre les panneaux de direction, faciliter et débroussailler quelques parties difficiles, rester dans l'intention, car la forme variera, demandera créativité et interaction et se révélera pleine de surprises.

La bonne humeur, savoir gérer ses propres émotions

Les adultes ne se rendent pas assez compte de leur humeur, notamment celle qu'ils ont en présence de leurs proches et de leurs enfants.

Par exemple, si vous rechignez à vous occuper de votre enfant lors de son temps de devoirs scolaires, il comprendra le message que les devoirs sont astreignants. Si vous en faites un défi tous les jours, avec curiosité sur ce qui s'est passé à l'école, que vous en profitez pour valoriser sa parole et son expérience, l'enfant le vivra mieux et vous aurez gagné du temps : en échanges mutuels, et en apprentissage.

Votre enfant n'aime pas les carottes (ou les épinards) ? Mais vous, comment réagissez-vous avec vos « j'aime pas » ? L'enfant voit et reproduit. Ne vous étonnez donc pas.

Répondre au besoin d'attention de l'enfant

Souvent, les enfants se plaignent. L'enfant a juste besoin de se sentir écouté. Il y a plus de chance que l'enfant se confie et développe son respect si le parent est connecté avec lui-même et contrôle ses propres émotions. Plus l'adulte est capable de compassion, de ne pas apporter de jugement ou ne pas s'arrêter à des idées, conclusions hâtives ou automatiques, plus il restera humble, ouvert, sensible et curieux, meilleur sera son rapport avec son enfant. Un parent, toujours insatisfait quoi que fasse l'enfant, va le dévaloriser.

Pour combler le manque d'attention, l'enfant l'attire. Plus vous le verrez vous réclamer, s'agiter, faire des bêtises, provoquer, plus vous devrez vous demander si votre enfant a bien compris que vous l'aimiez ! Curieusement, à un enfant en colère, qui crie, tape, a une attitude « intolérable », il est beaucoup plus efficace de le prendre dans les bras et de lui faire un câlin, de lui proposer de jouer ensemble, de s'occuper de lui quelques instants. Vous pourrez ensuite détourner son attention vers un jeu où il sera plus autonome et n'aura plus besoin de vous. Ce sera plus efficace que de le gronder et de l'envoyer dans sa chambre.

Il faut comprendre ses besoins, les assouvir, et expliquer votre propre rythme, pour pouvoir aussi les faire respecter.

> **Les qualités dans la communication à développer sont : la curiosité envers l'enfant, la patience, la confiance, le respect, le non-jugement avec un regard positif, la bienveillance et l'empathie.**

Montrer son attention avec son attitude corporelle

Le corps parle. L'attention qu'un adulte porte à l'enfant se voit dans le comportement corporel : regarder l'enfant dans les yeux, se baisser à sa hauteur, lui parler, s'intéresser à ce qu'il dit et vit, le toucher, le câliner seront des marques d'attention.

Quand l'enfant crie « maman » ou « papa », il attend de son parent une attention dirigée vers lui. Si l'adulte répond « oui », tourne son regard vers lui, se baisse à son niveau, l'enfant comprend qu'il est écouté.

J'ai remarqué que des enfants peuvent être en manque de contact. Un bébé, on le touche, on le câline, on le berce, mais on ne le fait pas avec les plus grands. Pensez à donner la main, à toucher le bras, à caresser, à faire un bisou de remerciement, à prendre dans vos bras, en résumé, à montrer corporellement votre « chaleur », même auprès des adolescents.

Le besoin d'être serré dans ses bras

Les parents de Félix, 2 ans, ont dû faire face à un emploi du temps trop compliqué et ont préféré faire garder leur fils par ses grands-parents pendant deux semaines. Mais les endormissements du petit ont été difficiles, et il se réveillait la nuit en réclamant ses parents. Ils m'ont raconté que, pour le calmer, ils le prenaient dans les bras et que le petit, qui ne parle pas encore très bien, leur a réclamé de manière très convaincante d'être serré dans les bras : « Serre... Serre fort... »

Montrer son attention avec ses paroles

Le cerveau a la fâcheuse tendance de sélectionner ce qu'il n'aime pas. Réflexe primaire de survie, l'attention se dirige donc naturellement dans cette direction. Si l'enfant entend des remarques négatives sur son comportement, il va avoir la sensation de « n'entendre que ça ». Prenez donc soin à dénoter tous les aspects positifs des comportements de l'enfant avant de proposer une remarque pour l'amélioration de son comportement.

> **Il est important d'éviter de couper la parole, d'interpréter avec la logique d'adulte et de contredire, de culpabiliser, de juger.**
>
> **L'important est de toujours différencier les actes de l'enfant de lui-même.**

L'enfant n'attend pas forcément de réponses ni le point de vue de l'adulte. Ces moments doivent l'aider à exprimer son ressenti, faire le point sur ce qu'il a vécu et le mettre en mots, structurer sa pensée. Le questionnement de l'adulte doit guider l'enfant pour revenir à ses sensations : j'ai vu, j'ai entendu, il a fait, il a dit (cinq sens, description des faits), j'ai ressenti (description des émotions), j'ai pensé (induction) en le guidant sur sa connaissance de lui-même et sa relation à l'autre.

Il peut être intéressant d'expliquer les codes des stratégies d'écoute active. Ceux-ci permettent une mise en disposition pour développer son attention dirigée. De manière plus générale, les stratégies d'écoute active sont des codes qui montrent qu'on est prêt à porter son attention :

- en regardant la personne qui parle ;
- en arrêtant son activité, en ne bougeant plus les mains ;
- en n'interrompant pas la personne qui parle ;
- en reformulant dans ses mots ce qui a été dit ;
- en posant des questions, si on n'a pas compris.

Empathie ou sympathie ?

Pour être attentif à l'autre, encore faut-il avoir un minimum d'empathie. L'empathie est au cœur du processus de communication qui a commencé dans les années 1970 avec l'approche centrée sur la personne par le psychologue Carl Rogers.

L'empathie est l'effort de compréhension de l'autre que nous mettons en œuvre dans la relation avec celui-ci. Elle est « un processus d'entrée dans le monde perceptif d'autrui qui permet de devenir sensible à tous les mouvements des affects qui se produisent en lui », l'habileté à se mettre à la place de l'autre, à regarder une situation d'un point de vue différent.

Être sympathique revient à amplifier les émotions de l'autre par adhésion.

Pour les psychiatres, l'empathie se décompose en trois mouvements : il s'agit d'abord de comprendre le point de vue de l'autre, puis de manifester et d'exprimer cette compréhension, et enfin, de rester soi-même, de ne pas sombrer dans la fusion ou la confusion avec l'autre.

Quand l'enfant se fait mal, pourquoi le disputer ?

Une de mes amies me raconte : « Ma fille est tombée. Elle a mal. Elle pleure. Je suis touchée car je la vois pleurer. J'imagine qu'elle a mal. J'ai mal pour elle. J'aimerais la consoler, qu'elle ait moins mal. Quand je vois quelqu'un souffrir, je ne peux m'empêcher de souffrir avec lui. Je suis alors dans l'incapacité de réfléchir, ni même d'agir, je me sens submergée par l'émotion, jusqu'aux larmes parfois. Et je la dispute : "Et pourquoi tu as été si vite ? Voilà, tu t'es fait mal !" »

L'attention la plus juste aurait peut-être été de la consoler et de l'accompagner doucement dans l'accueil de la douleur.

La question de l'empathie et de la sympathie est importante à se poser dans sa relation à l'autre, et notamment à son enfant. C'est une des possibilités de prendre conscience de son attitude, de se donner un choix de comportement face à ses propres émotions et de les discerner de celles de son enfant.

Alors il faut trouver un juste milieu de réponse à l'émotion de l'autre : si on reste froid ou si on réagit trop fort, cela peut augmenter sa souffrance. L'idée est de mettre en sourdine son propre point de vue, tout en décodant ce que l'autre est en train de vivre pour l'aider à faire ses propres choix.

Physiologiquement parlant, notre réseau de neurones miroir nous envoie automatiquement l'information de « vivre » l'émotion de l'autre. Comme pour toute réponse émotionnelle, pour ne pas rester dans un circuit primitif « reptilien », la connexion avec les autres aires cérébrales par la réflexion du cortex préfrontal peut donner une réponse créative à la situation. Cela s'entraîne ! Le travail de détection et d'analyse de l'émotion joue là un point fondamental, puis l'entraînement à la proposition de voies alternatives de comportements permet d'ouvrir de nouvelles réponses neuronales possibles (voir partie 3, chapitre 3).

Pas d'enfant parfait ni de parent parfait

Lâcher prise

Il n'y a pas d'enfant parfait ni de parent parfait. Le parent se sent « bon parent » quand l'enfant lui envoie une image de réussite, d'être « comme il faut » selon les critères sociaux. L'échec de l'enfant, ses difficultés renvoient une image de mauvais parent et pour un parent ayant une mauvaise estime de soi, ce parcours est douloureux.

Il vous faudra apprendre le détachement, ouvrir vos mains et ne plus vous agripper à l'enfant que vous aimeriez avoir. Lâcher prise et faire confiance permettront à votre enfant de grandir. Restez attentifs, mais pas focalisés ni exclusifs. Restez confiants et déterminés, fermes, résolus, l'enfant saluera forcément ces qualités en vous, si elles sont menées avec douceur et bienveillance. Et, surtout, ayez un peu de discernement, affranchissez-vous des idées reçues, des apparences, cherchez l'intention au-delà des actes.

Prendre du recul

Veillez à ne pas développer une relation de « copain » : la nuance est dans l'empathie et le parti pris. Il est important de garder le recul d'adulte, sinon l'enfant serait déstabilisé et ne saurait pas où trouver la structure qui l'aide à grandir et à prendre la force de changer. Les adultes donnent des repères et des limites et ne sont pas complices.

Savoir dire non est primordial. Mais camper sur ses positions, refuser le dialogue et les argumentations érode la confiance de l'enfant.

La plus grande difficulté est dans la propre capacité de l'adulte à rester neutre, dans l'écoute empathique, ce qui n'est pas évident pour de nombreuses raisons. L'adulte doit prendre en compte son propre état émotionnel s'il a déjà accumulé dans sa journée de travail des soucis, des conflits, des espérances déçues, tout le stress face à ses propres exigences.

Le principe de la réalité objective propose de voir les choses et les personnes sans préjugé ni *a priori* : apprendre à voir les choses davantage comme elles sont, développer plus d'objectivité. Avec ce principe utilisé en sophrologie et en méditation de pleine conscience, les pratiques visent à développer des rapports sereins avec soi-même et avec les autres.

Dans le cas où les comportements que présente l'enfant sont liés à une recherche d'attention à l'égard de l'adulte, cette technique permettra de beaucoup plus valoriser l'attention et la concentration qu'une remarque.

Détourner l'attention

Souvent, les parents pensent qu'il faut que l'enfant « se rende compte » de ses troubles, et lui font remarquer (surtout pour les TDA/H). Mais ces remarques n'aident pas l'enfant, notamment quand il a des activités motrices incontrôlées ou incompatibles avec la poursuite d'une activité.

Il vaut mieux, à ce moment-là, détourner momentanément l'attention de l'enfant, la capter sur autre chose, pour « calmer » le corps. Car si celui-ci s'agite, c'est que la tension est trop forte.

Être créatif

Rien n'est pire qu'une règle établie à tout jamais. Elle bride l'envie d'aller vers l'avenir. La surprise est une des qualités qui fait avancer, et pour la créer, il faut un brin de joie et de créativité. L'enfant a besoin d'être surpris, vous pouvez y arriver en envisageant différentes solutions, ayant le courage d'assumer vos défauts, de mal faire, d'apprendre de vos erreurs, de ne pas faire comme les autres, ni comme il le faudrait. Soyez déraisonnable, remettez en question vos règles et hypothèses toutes faites !

L'attention que je porte à mon enfant

Je vous propose d'évoquer les situations suivantes et de réfléchir où vous placez votre attention, ce que vous remarquez des autres, de vous-même.

Placez-vous en position confortable de méditation, au calme. Commencez par une petite relaxation en portant votre attention sur votre corps ou votre souffle, puis installez la pratique de la visualisation. Restez attentifs à tous les mouvements, signaux de votre corps et de votre esprit.

Moi et les autres

- 1re étape : Établir la liste des très proches, proches, et en cercles de plus en plus large, amis, connaissances… Vous pouvez visualiser, dessiner ou écrire la liste.
- 2e étape : Comment les percevez-vous ? Quelles attentions vous portent-ils ? Comment vous reliez-vous à eux ? Quelles attentions leur portez-vous ? Les voyez-vous souvent ? Comment communiquez-vous avec eux (téléphone, SMS, visites, etc.) ? Que savez-vous d'eux et de leurs occupations ou préoccupations ? Que vous apportent-ils ?

Moi et l'enfant (ou moi et les enfants)

Prenez un peu de temps pour simplement réfléchir à votre positionnement face à l'enfant envers lequel vous vous impliquez.

- Quel est votre lien ? Pourquoi vous impliquez-vous ? Qu'est-ce que vous attendez de cet enfant ? Qu'est-ce que cela réveille en vous du propre enfant que vous avez été ?

L'adulte en présence de l'enfant doit déjà prendre conscience de son propre cheminement et de son positionnement. Un suivi par un thérapeute peut être conseillé. Vous pourriez y aborder les pratiques de « l'enfant intérieur », qui peuvent être aussi très utiles.

L'ESSENTIEL DE CE CHAPITRE

Recette de l'attention parentale :

- **Mettez votre tablier de travail : prenez conscience que votre attention ne sera pas parfaite, et oubliez vos jugements et expériences passées.**
- **Prenez le temps qu'il faudra, rendez-vous présent et disponible.**
- **Rassemblez tous les éléments de confiance.**
- **Répondez aux besoins et à la demande.**
- **Vous pourrez varier les quantités en fonction de la qualité des ingrédients.**
- **Saupoudrez sans modération d'amour, de joie, de plaisir, de surprise.**
- **Encouragez, complimentez, félicitez, dispensez caresses et petits câlins.**
- **Savourez dès maintenant ensemble !**

CHAPITRE 2

ENTRAÎNEMENT

« L'attention fonctionne en grande mesure à la façon d'un muscle – quand on ne s'en sert pas, elle s'étiole ; quand on l'utilise, elle se renforce. »

Daniel Goleman

Au programme

- Tour d'horizon des techniques
- Introduire les exercices dans le quotidien
- Exercices complets et visualisations

Cet ouvrage propose des techniques qui vont prendre en compte non seulement le cerveau, mais aussi tout le corps, et les relations entre l'un et autre. Les exercices, empruntés aux techniques de la sophrologie, de la méditation, au yoga, au massage, sont aussi dans l'état d'esprit de la psychologie positive, la parentalité positive et la communication bienveillante...

Tour d'horizon des techniques

Il existe de nombreuses approches, recherches, et diverses orientations pédagogiques et thérapeutiques (Jean Piaget, Henri Wallon, Maria Montessori, Roger Vittoz, la psychomotricité, le Brain Gym, le Neurofeedback...) pour ne citer que ceux qui me viennent directement à l'esprit.

On a vu dans les chapitres précédents l'influence du « cadre », de l'humeur, du bonheur et des émotions sur l'attention. La psychologie positive est une discipline lancée par Martin Seligman en 1998 ; elle s'intéresse surtout à la santé et au bien-être, à ce qui rend les humains résilients, heureux et optimistes. La parentalité positive adopte un style d'éducation et des comportements qui répondent aux besoins de l'enfant en termes d'affection, de sécurité, d'appartenance et d'attaches sûres. L'« éducation bienveillante » permet d'élaborer un rapport de confiance avec l'enfant.

La communication non violente (CNV), fondée dans les années 1960 par Marshall B. Rosenberg, est une méthode visant à créer entre les êtres humains des relations fondées sur l'empathie, la compassion, la coopération harmonieuse et le respect de soi et des autres. La CNV part de la prise de conscience de ses propres besoins, sentiments, de l'observation sans jugement et du travail sur l'expression de la demande.

Depuis ma formation en sophrologie, j'ai élargi peu à peu mes pratiques. En creusant les origines, les influences, les courants actuels, on s'aperçoit que les différentes techniques se rejoignent, s'enrichissent et offrent un énorme réservoir d'exercices qui vont permettre à l'attention de se poser, de s'exercer, de s'affiner, de se cultiver. Des techniques clés sont à la racine de l'exercice de l'attention depuis des millénaires, enrichies des apports plus récents et maintenant validées par les recherches. La démarche que je propose a pour point commun la prise en compte des sensations aux ressentis et le développement du lien corps-esprit.

La méditation éveille l'attention

La technique méditative propose, par la concentration mentale, de faire attention aux pensées, aux émotions, et aux ressentis.

On pourrait la nommer l'« école de l'attention », car elle propose des techniques d'expérimentation variées.

Le bouddhisme nous a transmis la signification du mot *sati*, qui vient du pali *satipaṭṭhāna*, « présence ou établissement de l'attention », ou « attention juste ». Ce petit mot « juste » apposé à « attention » nous fait approcher le fil de l'exercice d'expérimentation dans l'acte de « garder présent » ou d'« établir » ce subtil lien de l'attention.

> **Le but de la méditation est d'éveiller l'attention pour accéder à une perception claire de notre véritable nature.**
>
> **La méditation fait prendre conscience des jugements que l'on porte, des processus de pensées sous-jacents et de leurs effets sur l'esprit et le corps.**

Quatre types d'attention sont distinguées : l'attention au corps que l'on expérimente notamment par les exercices de respiration, l'attention aux sensations, à l'esprit et enfin aux rebondissements des pensées.

Techniques de méditation

En 2008, le chercheur A. Lutz a proposé une répartition des méditations selon leur mode de pratique en deux classes :

- Les méditations attentives ou de concentration, qui impliquent une focalisation volontaire de l'attention sur un support choisi.
- Les méditations de pleine conscience (ou attention juste, ou de surveillance ouverte), qui impliquent une surveillance non réactive de l'expérience présente, d'instant en instant.

La méditation de pleine conscience

La méditation de pleine conscience, ou *mindfulness*, désignant la conscience vigilante de ses propres pensées, actions et motivations, vient des États-Unis où Jon Kabat-Zinn a laïcisé et codifié les pratiques basées sur la méditation bouddhiste. Elle est entre autres utilisée en France depuis 2004 à l'hôpital Sainte-Anne à Paris pour soigner les troubles anxieux et dépressifs.

Les techniques de « pleine conscience » permettent de travailler l'attention ouverte, large. Comme on l'a vu dans la section attention ouverte, cette attention n'est pas habituelle ni stable. L'esprit est constamment attiré par les stimuli internes et externes. De plus, ce type d'attention permet l'accès à un processus de pensée de type « immergé », et non « analytique », mode de pensée très intuitif, global et synthétique.

Le yoga discipline l'attention

Le yoga signifie un état d'être en union (*yug*, joindre) avec soi, ses actions, les autres, son environnement.

Le yoga vient de l'Inde et son origine se trouve dans des temps millénaires orientaux. L'objectif final est l'obtention d'un état d'équilibre, de bien-être, entraînant le développement de l'être humain dans toutes les dimensions.

Le yoga peut être défini par deux aspects : un but et les moyens pour y parvenir. Il existe différents types de yoga. Le *raja yoga* (ou yoga royal) est celui qui couronne tous les autres, travaillant sur les différents plans de l'être à partir du souffle, de postures dynamiques ou statiques (voir l'exercice de la posture de l'arbre, partie 3, chapitre 1), des mantras (chants), de la relaxation et surtout de la méditation.

Le yoga utilise différentes postures et divers mouvements. Les *asanas* (postures) sont l'ensemble des positions qui permettent la stabilisation du corps et du mental. Ces exercices permettent à l'attention de se poser sur le corps, son mouvement, la respiration. Le *pranayama*, discipline du souffle, est constitué d'exercices de respiration, et voie de la conscience. La pratique du yoga requiert une discipline de l'attention, sur les aspects respiratoires et corporels, en affinant la sensibilité proprioceptive, permettant de bien se situer dans l'espace grâce à des positions et à des gestes précis et efficaces et pouvant aider à aller vers la connaissance du corps dans sa globalité physique, mentale et spirituelle.

La sophrologie relie l'attention à la conscience

Étymologiquement, le mot sophrologie vient du grec : *sos* (harmonie), *phren* (esprit), *logos* (science)… la science de l'harmonie de l'esprit.

La sophrologie propose des exercices pour améliorer l'équilibre corporel, émotionnel et psychique.

> **La sophrologie permet de développer une meilleure perception du corps, d'apprendre à reconnaître et à utiliser ses émotions, de tempérer l'agitation mentale.**
>
> **Elle est le chemin qui mène à la conscience.**

C'est une méthode issue des principes fondateurs élaborés par Alfonso Caycedo dans les années 1960 et regroupe de multiples techniques orientales et occidentales basées sur la respiration, la conscience du corps, différentes postures et divers mouvements, des techniques de relaxation et d'activation mentale.

Introduire les exercices dans le quotidien

Je vous recommande de prendre le temps d'expérimenter les exercices.

Il est important de ne pas les faire vite pour passer à autre chose. Pour exercer son attention et sa concentration, il faut s'impliquer dans l'exercice, le vivre pour soi, prendre le temps de se rendre compte de l'effet produit en soi.

Observez les chats s'étirer ! Ils le font pour leur corps, pour eux, parce qu'ils en ressentent le besoin et parce que cela leur fait du bien ! Laissez un peu de côté la tête qui tourbillonne, et occupez l'attention par les exercices, en observant ce que cela fait en soi, en essayant de faire durer le plus possible...

Proposez d'adopter la « sophro attitude »

L'enfant, lorsqu'il va effectuer les exercices, doit se mettre en disposition intérieure, adopter une attitude de découverte et d'expérimentation :

Être conscient = *je m'en rends compte, j'y suis attentif.*

Qu'est-ce qui se passe quand je fais cet exercice ?

Se placer en position d'expérimentateur : *je ne reproduis pas simplement un geste, j'observe ce que ce geste fait en moi, comment je le fais...*

S'observer soi-même, expérimenter sur soi : faire des expériences avec son corps et ses pensées, tout ce que l'on fait est une expérience. *Je ne suis ni bon ni mauvais je n'essaye pas de le faire vite ou bien, j'essaye tout simplement.*

Suspendre le jugement.

C'est possible de les pratiquer tous les jours, à chaque fois qu'on y pense : faire un petit exercice (exercices minute) de respiration, de centrage, de relaxation. Cela ne se voit pas, on peut le faire à la maison, à l'école, en attendant le bus, dans le métro...

L'idéal est de faire 5 minutes le matin. On peut aussi, et c'est le moment que je recommande le plus, faire 10 minutes en revenant de l'école, juste après le goûter, et avant de faire les devoirs. Un autre moment est très important, celui juste avant de dormir, je conseille de faire à ce moment-là des exercices plus longs de relaxation (20 minutes) ou des exercices complets et visualisations.

Faire un petit planning peut-être très utile. Rien de mieux que la routine. Nous ne nous posons alors pas de question ni ne procrastinons.

Le mieux est de faire les exercices avec l'enfant, pas seulement de lui faire faire : impliquez-vous, n'ayez pas peur du ridicule, faire les exercices vous-même vous en fera bénéficier aussi ! Vous ne serez pas en position d'enseignant, mais d'égal expérimentateur et pourrez échanger vos ressentis.

Exercices complets et visualisations

La phase préparatoire est importante à mettre en place. Il faut amener l'enfant à être attentif à son potentiel intérieur.

Pour cela, préparer l'environnement physique, veiller au cadre : éliminer les objets qui pourraient distraire ou être dangereux. Éviter les interruptions, bruits ou mouvements parasites, débrancher les téléphones… bref, tout ce qui risquerait de détourner l'attention. Vous pouvez tamiser la lumière, parler doucement, et parfois, ajouter une musique de fond relaxante.

Vous devez aussi préparer l'enfant : lui annoncer ce que vous allez faire, le thème, l'intention, la durée. Assurez-vous qu'il est prêt, qu'il n'ait pas envie d'aller aux toilettes, de se moucher (avoir toujours sous la main des mouchoirs !).

Guider la tenue de la posture

On vérifie toujours que le corps est bien aligné, bien droit, qu'il n'y a pas de tension.

Il est intéressant d'expérimenter les différentes positions, assis, debout, couché… Elles ont une influence sur l'exercice, sur le niveau d'éveil et de conscience, par exemple respirer assis ne donne pas la même sensation que debout ou couché ou plié en deux.

Soutenir l'attention pendant les exercices

> **Pensez à toujours commencer par des exercices très courts et d'augmenter petit à petit les temps de pratique.**

Il faut veiller aussi à changer son propre tonus. Si vous êtes pressé, agacé, cela s'en ressentira, et vous ne pourrez établir le calme auprès de votre enfant. D'autre part, la modulation de la voix joue un grand rôle. Vous pourrez varier le volume et le débit de votre voix, avec une voix calme, apaisante…

Pour soutenir l'attention, l'adulte décrit l'exercice et dirige l'attention vers la respiration, vers les ressentis corporels. Pour les postures ou les exercices en mouvement, on dirigera l'attention des enfants sur les parties du corps sollicitées et stimulées.

Fin des exercices, la phénodescription

N'enchaînez pas directement avec une autre activité. Prenez toujours le temps de faire un petit point appelé phénodescription.

Après l'exercice, on prend un temps pour se remémorer ce qui a été fait et ce que cela a fait en soi. Pour fixer l'expérience, on raconte, on écrit ou on dessine. L'important est de repenser à ce qui s'est passé, et d'essayer de le « résumer », ou de prendre des notes. Cela laisse une trace des *phénomènes* vécus.

> **Un phénomène est une chose, un fait du monde physique (objet, action) ou psychique (émotion, pensée) qui se manifeste de lui-même.**

Et de plus, non seulement l'expérience s'ancre par le rappel, la verbalisation, mais aussi se mémorise.

L'entraînement

Connaissez-vous un sportif ou un musicien qui ne s'entraîne pas ? Pour l'attention, c'est pareil.

L'enfant reste-t-il concentré 3 secondes, 3 minutes ou 30 minutes ? Récompensez l'amélioration de son temps d'attention. S'il reste très très longtemps, ce qui est improbable, soit il s'est endormi, soit il est plongé dans ses pensées, soit il faut absolument qu'il aille poursuivre sa formation chez les lamas tibétains…

Un des critères à améliorer au fur et à mesure de l'entraînement est le temps des exercices. Un exercice minute assez court permet juste de capter l'attention et de se centrer. D'autres exercices peuvent se poursuivre sur quelques minutes. Les premières fois, guidez l'enfant. Puis peu à peu, proposez juste le déroulé, et restez près de lui, faites aussi l'exercice !

L'ESSENTIEL DE CE CHAPITRE

• Cultiver l'attention, c'est comme arroser une plante, c'est la nourrir, s'occuper d'elle et lui permettre de bien grandir…

• S'entraîner.

• Pratiquer souvent un des petits exercices minute, n'importe où n'importe quand.

Pour mettre en place les pratiques longues (exercices complets, visualisations), veiller à poser le cadre :

• Expliquer ce qu'on va faire.

• Suggérer les postures sans imposer.

• Guider et aider à soutenir l'attention (respiration, corps).

• Pour terminer, soigner la « sortie » : doucement !

• Après l'exercice, faire le point avec l'enfant sur les ressentis (la phéno-description).

CHAPITRE 3

ENSEMBLE, SUR LE CHEMIN DE LA SÉCURITÉ ET DE LA CONFIANCE

« Tout le monde savait que c'était impossible. Il est venu un imbécile qui ne le savait pas et qui l'a fait. »

Marcel Pagnol

Au programme

- **Apprendre à se relaxer**
- **Conforter le sentiment de sécurité**
- **Activer le positif**
- **Se projeter sereinement vers l'avenir**

La confiance se construit dès le plus jeune âge par l'expression de l'attention parentale et s'acquiert par le sentiment de sécurité.

Donald Woods Winnicott a mis l'accent sur l'importance de la disponibilité maternelle pour la constitution de la confiance en soi. « Un bébé, ça n'existe pas », disait-il. Il lui faut la fusion avec l'espace maternel, ce premier environnement qui lui apporte le terreau nécessaire pour sécuriser et accompagner le développement physique et psychique. En état d'insécurité, l'enfant ne disposera que de ses facultés de survie, automatiques, sur-réactives aux moindres stimuli. Grâce à la confiance et à l'assurance du support parental, l'enfant pourra exercer son attention et la maintenir pour se concentrer. Cette étape est donc une mise en condition nécessaire et indispensable aux exercices de concentration.

Apprendre à se relaxer

> **Développer son attention envers soi permet d'aider à apprendre à ressentir les signaux dans son corps, et de profiter de tous les bénéfices des relaxations.**

La relaxation permet d'expérimenter « un corps qui se sent bien ».

Les différentes techniques de relaxation proviennent principalement des techniques de respiration, de l'effet de détente ressenti après la contraction musculaire et de l'autosuggestion.

Détendre le corps avec la chaleur de ses mains

Cet exercice propose de faire attention aux sensations corporelles, ce qui permet de se détendre. Votre enfant peut être assis ou debout. Voici le texte pour guider votre enfant :

Frotte-toi les mains jusqu'à ce qu'elles soient bien chaudes.

Pose-les sur… la tête, prends le temps de sentir ce qui se passe en toi.

Frotte les mains… pose-les sur… le visage, prends le temps de sentir ce qui se passe en toi… sur ce visage.

… et pose-les sur… les épaules…

Et frotte les mains… pose-les sur… le ventre…

… le bas du dos…

… les jambes…

Comment ça va maintenant ?

Respirer pour se détendre

La pratique des exercices de base pour se détendre va mettre toutes les chances du côté de l'attention pour être « en forme » et être prêt à bien travailler.

En portant attention à son corps et à la respiration, l'enfant va pouvoir mieux ressentir l'état de tension dans lequel il est, et peu à peu obtenir le calme.

Allonger le temps de l'expire

L'attention est captée par le comptage. Le rythme, qui consiste à expirer plus longtemps qu'inspirer, va induire la détente corporelle. Installez votre enfant confortablement, en position couchée par exemple. Et proposez-lui doucement de souffler sur 6 temps et d'inspirer sur 2 temps. Commencez à compter lentement.

Expire 1 2 3 4 5 6

Inspire 1 2

Expire 1 2 3 4 5 6

Inspire 1 2, etc.

À refaire au moins 10 fois.

Pour jouer, vous pouvez proposer d'allonger encore le temps de l'expire.

Vous pourrez peut-être arriver à 3 temps sur l'inspiration, 9 temps sur l'expiration.

Pour compléter votre registre d'exercices de détente, consultez les techniques de respiration ventrale (voir page 132).

Contractions et relâchements musculaires

Relâcher les muscles met l'esprit au repos et entraîne la détente nerveuse.

Être attentif aux signaux de son corps permet de déceler les besoins, d'apprendre à y répondre et de mieux maîtriser les différents états de vigilance.

Voici un exercice amusant à faire avec l'enfant. On se méprend souvent sur le bâillement, qui n'est pas un signe d'ennui mais de détente.

Le bâillement

Les muscles de la mâchoire sont les plus puissants du corps. Le bâillement est un réflexe respiratoire naturel qui améliore la circulation sanguine dans le visage et relaxe les yeux. Provoquer le bâillement fera beaucoup de bien à votre enfant !
Proposez donc à l'enfant de bâiller consciencieusement, avec ou sans bruit. Baillez ensemble à vous décrocher la mâchoire…

Des contractions et des relâchements volontaires des chaînes musculaires vont permettre de prendre conscience des tensions et de les diminuer ensuite.

Tendu/détendu

Cet exercice utilise le principe appelé IRETER, Inspiration Rétention Tension Expiration Relâchement.
Attention, il doit être utilisé de façon contrôlée pour éviter le phénomène d'hyperventilation (rétention de l'air).
À pratiquer assis ou debout.
1 Inspire.
2 Rétention, retiens l'air dans tes poumons.
3 Tension, tire sur tout le corps, tire sur les bras, les jambes, les extrémités.
4 Expiration, souffle fort.
5 Relâche !

On peut aussi faire la contraction, juste avec la main (exercice appelé *geste signal* en sophrologie). Cela permet de reproduire discrètement cet exercice avant un examen, dans les transports… Comprendre qu'on peut commander soi-même la détente permet de la déclencher quand on veut, n'importe où et n'importe quand.

Ensuite, quand l'enfant s'est bien exercé à le faire, il peut le pratiquer simplement dans sa tête. L'important est de penser à sa respiration et de souffler pour obtenir la détente en se centrant sur ses sensations corporelles, de proposer mentalement la détente à tous ses muscles.

La méthode de Jacobson, médecin américain du début du XXe siècle, consiste à contracter, puis à décontracter des muscles précis de son corps.

Relaxation de Jacobson

Cet exercice un peu long balaie le corps en entier le plus précisément possible, il permet de partir à la découverte de tout son corps, de sentir les différences et d'obtenir une relaxation complète. Voici le déroulé de cet exercice pour pouvoir guider l'enfant. Faites-le très lentement, pour bien laisser à l'enfant le temps de ressentir.

À pratiquer assis ou couché.

Ferme les yeux, contracte les bras, maintiens la contraction quelques secondes, repère la sensation dans les bras, relâche, observe la disparition de la contraction.

Ferme les yeux, contracte les jambes, maintiens la contraction quelques secondes, repère la sensation dans les jambes, relâche, observe la disparition de la contraction.

Ferme les yeux, contracte le tronc, la poitrine, le dos, le thorax, maintiens la contraction quelques secondes, repère la sensation dans le tronc, relâche, observe la disparition de la contraction.

Ferme les yeux, contracte le visage avec les yeux et la bouche, maintiens la contraction quelques secondes, repère la sensation dans le visage, relâche, observe la disparition de la contraction.

Comment te sens-tu après cette relaxation ? Quelles parties de ton corps te paraissent les plus détendues ?

Techniques suggestives

Une fois votre enfant bien exercé aux techniques précédentes, vous pourrez explorer avec lui une détente rapide à tout moment de la journée.

La détente express

Installez votre enfant confortablement, en position couchée par exemple. Et dites-lui doucement :

Tu peux laisser les paupières s'abaisser ou regarder paisiblement dans le vague.

Tu prends conscience de ton corps, cherche une position confortable… Ajuste ta position, tu peux faire librement quelques mouvements avec la tête, ou les épaules, les bras ou le dos, pour libérer les raideurs et les tensions.

Puis, doucement, laisse-toi envahir par une vague de détente qui part de la tête, glisse le long de ta nuque, le long de ton dos, sur tes bras, sur ta poitrine, tout autour de ton bassin, jusqu'au bout des pieds.

Accompagne avec ta respiration, en soufflant plus profondément…

Tu peux te recentrer sur tes sensations intérieures et savourer le calme que cela produit en toi.

Plus utilisée le soir pour se détendre avant le sommeil, cette visualisation est aussi très intéressante à utiliser avant de se mettre au travail, pour descendre la vigilance. Dans ce cas, proposez à l'enfant la position assise.

Visualisation : autosuggestion de l'escalier de la détente

Installez votre enfant confortablement, en position couchée pour une grande détente, ou en position assise pour simplement baisser la vigilance et se préparer au travail. Et dites-lui doucement :

Dessine dans ta tête un escalier qui descend, suis-le avec tes yeux en synchronisant avec ta respiration. À chaque fois que tu respires, tu descends une marche. Souffle de plus en plus longtemps, et descends les marches lentement.

Tu peux ressentir combien cela t'amène progressivement vers la détente…

Les exercices un peu plus longs sont aussi utiles pour aider à « entraîner l'attention », car ils nécessitent de focaliser celle-ci volontairement et de ne pas se laisser perturber par autre chose.

Les exercices courts peuvent être faits plusieurs fois en journée pour enlever les tensions, et les plus longs sont préconisés avant de dormir.

Vous pourrez ensuite tester cette visualisation, issue de la technique du training autogène apportée par Johannes Schultz, médecin suisse du début du XXe siècle, qui est très efficace.

La relaxation de Schultz

Pour guider cette relaxation, le protocole est extrêmement rigoureux, il faut répéter des phrases suggestives et clairement codifiées. Référez-vous au chapitre précédent pour préparer la visualisation. Installez l'enfant dans une position confortable, assis ou couché. Brodez à partir des indications suivantes pour mener la relaxation. Puis terminez par une « reprise » douce, sortie de la visualisation, et une phénodescription.

Le calme : *Dans ce beau nuage douillet et accueillant, très confortable... tu es tout à fait calme.*

La pesanteur : *Tu as des sacs très lourds sur le corps, tu pèses très lourd.*

La chaleur : *Le soleil te chauffe...*

Sentir son cœur : *Ton cœur bat calmement et régulièrement.*

Sentir sa respiration : Ta respiration est tout à fait calme. Tu es toute ta respiration.

Chaleur dans le ventre : *Tu as une petite boule chaude, sur ton plexus solaire. Il se situe au milieu de la poitrine, un peu en dessous, en haut de l'estomac...*

Fraîcheur au front : *Un souffle d'air frais passe sur ton front. Ton front est agréablement frais.*

Conforter le sentiment de sécurité

Donald Winnicott, John Bowlby, Henri Wallon développent l'importance de l'attachement dès le plus jeune âge, du maternage, et de notions d'apaisement et de « holding », nécessaires pour impulser et soutenir le processus de structuration psychique de l'enfant.

Le maintien, ou *contenance*, permet à l'enfant de ressentir la sécurité, la protection et la force tranquille qui émanent de son parent, ce qui le rassure, le calme et lui donne envie d'aller plus loin dans les interactions (regards, gazouillis, caresses) avec lui. On appelle cela l'*accordage affectif* (de l'anglais *attune*, « harmoniser »).

John Bowlby définit le *caregiving* comme le versant parental de l'attachement ; c'est un système motivationnel que l'on pourrait traduire par « porter de l'attention à » ou « prendre soin de ».

Le parent doit prendre soin de l'enfant aussi bien au niveau physique qu'affectif, « dans des dimensions de protection, de consolation et de soutien à l'exploration, c'est une tâche extrêmement complexe qui est bien différente du simple fait d'aimer son enfant ». Antoine et Nicole Guedeney l'ont rapporté dans leur recherche : *L'attachement* : *approche théorique.*

Pour continuer à rétablir la pleine confiance de l'enfant en lui-même, la visualisation suivante peut être très utile. Vous pourrez soit présenter à l'enfant l'exercice sous forme de dessin, où l'enfant sera absorbé par sa visualisation en la dessinant, soit proposer à l'enfant de s'allonger en position de relaxation et guider la visualisation.

Visualisation « Mon espace où je me sens bien »

Installez l'enfant dans une position confortable, assis ou couché. Commencez par une petite relaxation. Puis terminez par une « reprise » douce, sortie de la visualisation, et une phénodescription.

Dessine le lieu où tu te sens bien, ce peut être ta chambre, ou un lieu imaginaire, une cabane…

Pense à tous les objets dans ce lieu, les formes, les couleurs, les matières…

Pense aux odeurs…

Pense à la température, mets-la comme tu l'aimes.
Pense à comment est ton corps dans cet endroit, comment il se sent bien…
Tu peux aussi inviter quelqu'un que tu aimes dans ce lieu… imagine-le avec toi, tu peux te voir lui parlant, comment tu te sens avec lui…

Activer le positif

Aimer et se sentir aimé

Les émotions positives permettent au corps et au cerveau de mieux fonctionner. Un enfant n'aura pas besoin de réclamer outre mesure « trop » d'attention s'il se sent aimé. Il doit sentir que l'adulte est attentif à lui.

Curieusement, on gardera plus les souvenirs négatifs que les positifs. Sans doute encore une des traces de notre cerveau primitif, qui a besoin de se souvenir de ce qu'il ne doit pas faire pour survivre. Or, le bonheur est l'émotion qui porte vers l'évolution. Les émotions nous poussent à agir autrement, elles modifient notre manière d'agir, pour une meilleure adaptation à ce qui nous entoure. Observer et comprendre les émotions permet de mieux les gérer, puis de les capitaliser.

Les émotions positives engendrent un meilleur fonctionnement du corps et du cerveau, comme si on graissait les rouages ; elles ont donc un impact sur les apprentissages.

Les émotions s'expérimentent avec :

- la prise de conscience du corps dans son état de détente, « quand on se sent bien » ;
- l'activation de la mémoire d'un corps et d'un mental qui se sent bien avec la remémoration de l'état du corps lors d'une activité qui a procuré du plaisir ;

- l'apprentissage de la capacité de rappeler l'état de bien-être physique et mental, incitation (programmation) à pouvoir l'utiliser ultérieurement.

Soyez attentif aux qualités

Les enfants ont souvent des opinions pour se décrire tels que les adultes leur ont dit qu'ils sont, ou se dénigrant (« je suis nul ») par comparaison. Il n'est pas anodin de prendre un peu de temps avec un travail sur les qualités.

La dynamique d'activation positive se poursuit donc avec le rappel des qualités de l'enfant, de ses aptitudes, de ses traits de caractère, de son tonus. Ce qui permet de bien ancrer la confiance en soi. Observez le comportement de l'enfant, et faites-lui des observations positives, par exemple : « Que tu es ingénieux ! »

Le cycle du positif

« *Toute stimulation positive, si elle est continuelle, va déclencher une répercussion sur les structures positives de l'être et entraîner une capitalisation des structures muettes au service du positif.* »

Selon l'un des quatre principes fondateurs de la sophrologie, *le principe d'action positive*, l'entraînement à la pleine conscience du positif permet d'améliorer le sentiment de satisfaction de vie.

> **Toute action positive dirigée vers notre corps ou notre mental a une répercussion positive sur notre être tout entier.**

On peut schématiser de la manière suivante l'action positive comme un cycle dont chaque élément interagit sur l'autre.

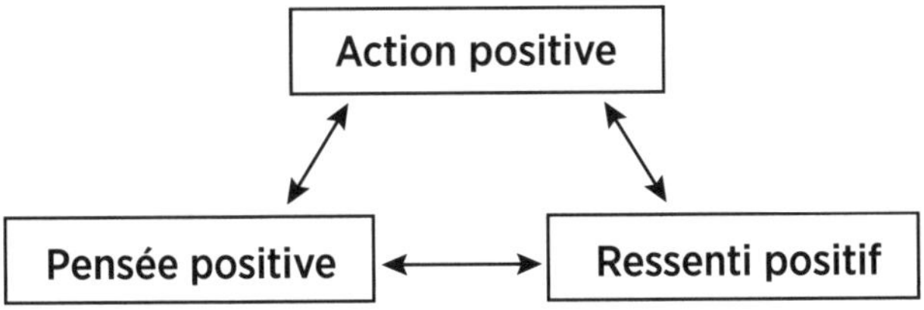

L'activation répétée du positif provoque un « effet boule de neige » sur toute la personne. Se relaxer influence le bien-être avec une action kinesthésique du « bonheur ».

Le cerveau et le sourire

Dans le corps, vivre la sensation du bonheur

> **Ce sont ces petits b qui créent le bonheur avec un B majuscule. Si nous les vivons en pleine conscience, on invite le cerveau à focaliser sur les choses agréables, on l'entraîne à voir ce à côté de quoi l'on passe trop souvent…**

Un sourire apaise, il fait baisser la tension du moment, il allège la souffrance.

De nouvelles connexions neuronales sont créées et modifient l'architecture du cerveau, qui progressivement et automatiquement sera attiré par ce qui nous fait du bien (et non le contraire). Et, de fil en aiguille – de connexion de neurone en synapses –, c'est la capacité à décider de changer pour notre plus grand bonheur en bénéficiant de l'énorme qualité qu'est la plasticité cérébrale.

Visualisation du sourire

Prenez le temps de vous installer, proposez à l'enfant de prendre une position confortable, assis ou couché.

Faites-lui prendre conscience de l'instant présent, en portant attention aux ressentis corporels. Tournez son attention vers la respiration, et invitez-le à sourire. Proposez à l'enfant de faire un « vrai » grand sourire. Interrogez-le sur ses ressentis.
Quelle différence dans ton corps, dans ton cœur ?
Un sourire, c'est un instant que l'on s'accorde pour se faire du bien. Quand on en a besoin !
Proposez de quitter doucement la visualisation pour revenir au moment présent. Faites-lui faire une phénodescription.

Du côté du cerveau, le sourire produit des tas de choses agréables, positives, avec un afflux d'hormones qui nous veulent du bien ! Cerise sur le gâteau : pour le cerveau, un vrai sourire ou un faux, c'est pareil ! Alors, quand rien ne va plus, un petit sourire, le cerveau est leurré, et ça va déjà mieux.

Jeu : se forcer à sourire

Instaurez des séances « sourires forcés », surtout si la joie n'est pas là naturellement.
Tirez sur les commissures des lèvres pour former un sourire. Faites remarquer à l'enfant la tension entre le bord de la bouche et les oreilles, et surveillez s'il plisse les yeux. Demandez-lui de faire « sérieusement » le geste 10 fois en comptant, et de surveiller son état mental. Renouvelez encore 2 fois la série de 10. Si le fou rire vient (surtout en vous regardant le faire aussi), laissez naître cet état, preuve de l'influence physique sur les pensées.

La reconnaissance de l'état corporel « se sentir bien » va rendre possible ensuite de « rappeler » cet état à la demande. Faites marcher votre enfant de manière joyeuse puis faites-le marcher de manière triste pour qu'il comprenne comment son corps se comporte en chaque état.

Se projeter sereinement vers l'avenir

Pour arriver à se projeter vers l'avenir, l'enfant va devoir apprendre à se fixer des objectifs raisonnables. Le parent va avoir son rôle de guide pour aider l'enfant à reconnaître ses limites, ne pas vouloir faire trop vite, tenir compte des contraintes de l'environnement, et choisir ses priorités en respectant ses besoins essentiels.

« *L'attention est un mouvement cérébral qui va nous permettre d'orienter notre action en fonction d'un objectif, d'un centre d'intérêt, etc.*[12] »

Prévisualiser : une étape indispensable

Cet exercice initie à la méditation de « pleine conscience ». Prévisualiser un geste permet de lutter contre l'impulsivité, de mieux prendre conscience de ses gestes, d'exercer ses aptitudes de visualisations, utilisées non seulement dans les exercices psychocorporels mais aussi dans la vie courante, notamment à l'école.

Prévisualisation d'un geste

Il faut choisir un geste du quotidien très simple (se lever de sa chaise ou ouvrir une porte, par exemple) et…

- penser dans sa tête au geste tel qu'il va se faire ;
- réaliser le geste très lentement, « en conscience » ;
- le revoir (ou revivre) dans sa tête.

12. Roger Vittoz, *Développer son attention et sa concentration.*

Aptitude au changement

> **On oublie trop souvent de prévenir l'enfant. L'adulte fait l'emploi du temps, les choix. L'enfant les subit. Celui-ci est souvent brusqué, ne s'attendant pas aux changements.**

Il arrive souvent que des enfants souffrant d'un déficit attentionnel aient des tendances anxieuses ou dépressives. Ces enfants timides, sachant se faire facilement aimer, sont capables de respecter les règles par crainte de déplaire, mais ne s'épanouissent qu'en présence d'une attention exclusive. Si ces enfants montrent aussi des signes de distraction, de dispersion, de manque d'organisation (temps ou espace), il faudra être vigilant à détecter si c'est la séparation ou la transition d'une activité à une autre qui provoque l'anxiété ou l'agressivité. Toute transition entre le moment présent vécu et le possible avenir interprété de manière déplaisante est à apprivoiser.

Le parent essayera alors de développer les stratégies qui visent à prévoir, à soutenir, à encadrer et à conforter le sentiment d'un « avenir » dans la confiance.

D'autre part, tourner son attention vers le temps à venir permet de nourrir l'acte de motivation, de conforter le dynamisme existentiel. Pour pouvoir envisager l'avenir sereinement, il faut avoir confiance en son aptitude au changement, prendre conscience que le changement est une source intarissable d'enrichissement. Expliquez toujours l'exercice que vous allez réaliser avec l'enfant.

S'inspirer des modèles positifs : aspirations et rêves

Les petites fées

Il m'est arrivé un soir d'être vraiment fatiguée. Je n'en pouvais vraiment plus. Mes enfants avaient 6 et 9 ans. Le dîner était terminé, ils étaient excités. Je savais très bien que leur demander de ranger la table serait voué à l'échec. Je n'avais pas du tout envie d'entrer dans d'interminables négociations ni disputes « c'est pas mon tour de le faire », etc. Je leur avais promis un jeu et je n'avais pas vraiment envie de tenir ma promesse. Je leur ai expliqué l'état dans lequel j'étais et j'ai proposé un jeu court. Puis je leur ai dit que j'avais aussi un grand désir : que les petites fées existent. Intrigués, ils m'ont demandé pourquoi : « Parce que comme je suis fatiguée, j'aimerais bien aller me doucher moi aussi avant le jeu, ça me fera du bien, et découvrir que les petites fées ont débarrassé la table ! » J'ai pris ma douche. Et quand je suis revenue, j'ai pu voir que les petites fées étaient passées. Peu importe si elles avaient laissé quelques traces, l'éponge mal passée, j'étais trop contente et fière de mes petits loups... Je n'ai jamais eu honte d'utiliser aussi les super-héros dans notre quotidien. Ils nous amènent de la fantaisie, de l'humour et de l'espoir.

Avec un travail sur la confiance en soi, la confiance réciproque adulte/enfant, il sera alors possible à l'enfant de se projeter dans l'avenir de manière positive.

Les enfants font instinctivement appel à des héros. Jouer au super-héros, c'est se projeter dans l'avenir et s'imaginer être capable de résoudre un problème en trouvant des solutions tout seul. Sans tomber dans un monde illusoire et magique, où la réalité pragmatique casserait le charme de la magie, le parent a tout intérêt à retrouver ce mode et à ne pas s'en moquer. Il s'agit plutôt d'adopter un mode de pensée optimiste, laissant la possibilité de transformation et de « possibles ». Laissez votre fantaisie et votre créativité œuvrer !

Vous pouvez ainsi présenter à votre enfant toute personne ou tout personnage qui pourrait l'influencer positivement.

L'exercice suivant peut aussi se faire à travers le dessin.

La baguette magique

Demandez à l'enfant : *Imagine que je t'offre une baguette magique. Si tu pouvais réaliser ton vœu le plus cher… un vœu de bonheur pour toi, ou pour les autres… Raconte…*

Attention vers… et intention

En préambule, vous pouvez exercer l'attention de votre enfant dans cette optique avec le jeu tout simple : bien regarder un parcours (vous disposez un coussin par terre et une chaise à contourner, par exemple) et essayer de le faire « à l'aveugle ».

Puis, pour nourrir la confiance dans l'avenir, il sera intéressant d'apprendre à ancrer l'acte d'intentionnalité. Base de la volonté, la compréhension de cette notion très simple sera bien utile la veille d'un examen ou d'une épreuve demandant du courage.

L'intention place l'objectif à atteindre, la direction, que la pensée pose pour orienter son comportement. Proche de la méthode Coué et de la suggestion, l'acte intentionnel persuade et favorise l'action recherchée.

Cultiver d'une part avec la notion de présence, mais aussi avec celle de volonté n'est pas simple ; il faut « doubler » les voies. Par exemple, pour le geste « *je veux* ouvrir cette porte », il faut se le dire, le voir, sentir son corps le faire, prendre conscience du mouvement de commande de la pensée, sentir l'impulsion qui vient du corps, la sentir dans le corps, avant de la déclencher…

Plutôt que de dire « fais attention » ou « concentre-toi », on va aider l'enfant à accomplir le geste de l'attention, c'est-à-dire faire exister mentalement l'information, ainsi que le projet de ce qu'il en fait.

Il est important de bien faire comprendre l'intention des exercices, c'est une des clés permettant la « réussite » de ces derniers. Il faut éviter que l'enfant reproduise « bêtement » l'exercice, de manière automatique. On n'a pas d'exercice bien fait ou mal fait. En revanche, l'enfant doit comprendre le mouvement intérieur de volonté :

- pour bien voir ce que l'on va faire ;
- pour décider sincèrement.
- pour savoir que la chose est possible ;
- pour déclencher la force d'énergie ;
- pour se rendre disponible à l'expérience et à l'écoute de ses ressentis.

Puis vous pourrez décortiquer l'acte de « visualiser » avec l'exercice suivant.

Geste intentionnel

Choisissez ensemble de diriger l'énergie sur un acte extrêmement facile : ouvrir une porte, décrocher le téléphone, boutonner son manteau, ouvrir un livre, prendre un objet, marcher pieds nus, sentir la plante des pieds, écouter le bruit des pieds sur le sol, etc. Pensez à bien vérifier que votre enfant sait « visualiser » dans sa tête.

Ferme les yeux. Choisis une intention (être très fort, être joyeux, réussir…). Pense au geste que tu vas faire, imagine dans ta tête que tu le fais… Maintenant, ouvre les yeux, et fais ce geste avec ton intention « en toute conscience », en te rendant compte de chaque chose qui bouge en toi, de tout ce à quoi tu penses…

Vous pouvez proposer de faire ce geste le matin, ou juste avant de se mettre au travail pour se mettre dans de bonnes intentions… et influencer un peu le destin, ancrer des « volontés » (être plus calme, patient, bien réussir son examen…).

Intention du jour avec le geste « Karaté » ou « la cible »

Pense à une chose que tu veux cultiver en toi… une qualité que tu aimerais avoir un peu plus… Quelque chose que tu veux changer, un effort que tu vas faire…

Avec cette idée bien en tête, tu vas réaliser le geste du Karaté…

Debout, bien ancré au sol, lève le bras horizontalement vers l'avant (1), bras gauche ou droit, peu importe.

Inspire, retiens l'air, plie le bras, mets la main vers l'épaule (2).

(3) Tourne le bras plié autour de l'épaule, le coude fait un grand cercle, la main fixe sur l'épaule.

(4) En relâchant l'air violemment, élance la main vers l'avant comme un karatéka, éventuellement avec le son pchhh.

Prends le temps de bien respirer avant d'entamer ta journée.

L'ESSENTIEL DE CE CHAPITRE

L'attention va se tourner vers la reconnaissance de l'état corporel de « se sentir bien », il est possible ensuite d'apprendre à « rappeler » cet état à la demande.

- **Sécuriser**
  - **Avec la juste distance : conforter, créer un espace protégé.**
  - **Exercices de relaxation.**
- **Développer la confiance**
  - **L'enfant doit « se sentir aimé », connaître ses qualités.**
- **Activer le positif**
  - **Développer la capacité à ressentir corporellement une image positive.**
- **Se projeter vers l'avenir**
  - **Nourrir l'acte intentionnel « d'aller vers », amélioration, progression positive.**

PARTIE 3

CULTIVER L'ATTENTION DE VOTRE ENFANT

CHAPITRE 1

DÉVELOPPER SON ATTENTION ENVERS SOI

« Juste… fermer les yeux…
Juste… penser à sa respiration…
Juste… être là, tout simplement ! »

Jeanne Siaud-Facchin

Au programme

- **Poser son attention sur le moment présent**
- **Le meilleur allié, l'attention**
- **Porter son attention sur son corps**

Tout commence par… se centrer.

Car il va falloir apprendre à fixer son attention. Et le plus simple, c'est de le faire sur soi-même. On va proposer à l'enfant de poser l'attention sur sa respiration, sur son corps, de développer ses ressentis.

Toute la base des exercices pour cultiver l'attention repose sur ces actes simples et faciles à mettre en place !

Poser son attention sur le moment présent

Se centrer, mouvement centripète de l'attention vers soi

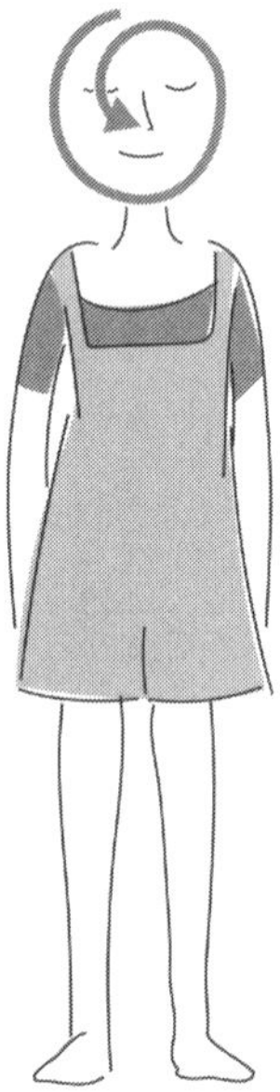

Tourner l'attention vers l'intérieur. Ressentir l'attraction terrestre, l'alignement du corps dans sa posture droite alignée entre ciel et terre.

Tourner l'attention vers l'intérieur, ressentir l'attraction terrestre, l'alignement du corps dans sa posture droite alignée entre ciel et terre.

Se centrer, c'est lâcher la dérive de la pensée ou du corps automate, et donner un mouvement d'attention centripète, qui va mettre en résonnance corps, pensée et émotionnel, en d'autres mots, va faire émerger la conscience… ou tout simplement, *se centrer.*

Se centrer est un état à la fois physiologique et psychologique, c'est le mouvement mental de revenir à son axe, se tourner vers l'intérieur, au lieu de chercher un appui à son attention par les stimuli extérieurs. Il permet d'être à 100 % ici et maintenant, présent à soi et aux autres.

Se centrer

Comprendre ce « mouvement » vers l'état d'être est la porte d'entrée indispensable des techniques psychocorporelles. J'ai pu observer qu'avec les enfants souffrant de troubles de l'attention ou d'hyperémotivité, ce point est crucial à établir. J'ai moi-même mis beaucoup de temps à le comprendre. Enfant, j'étais soumise au regard des autres, à la peur de ne pas réussir, au trac, ou je cherchais hors de moi un soutien. L'incapacité d'établir ce lien avec moi-même et de chercher mes ressources a nourri mon manque de confiance et ma timidité. À l'adolescence, une de mes amies m'a entraînée dans un dojo pour faire du judo. Quelle bonne idée ! C'est là que j'ai expérimenté ce mouvement d'attention intérieure.

> **J'en profite donc pour vous lancer sur une piste d'activité pour votre enfant : proposez-lui de pratiquer un art martial, de l'escrime, du tir à l'arc ou de la musique.**

Quand ce n'est pas une activité, un « faire quelque chose » qui demande de focaliser l'attention, ce mouvement induit par soi-même de concentration n'est pas évident (sauf pour quelques yogis doués, ces Obélix tombés dans le zen naturellement, il en existe !).

> **Diriger l'attention vers soi va permettre de prendre conscience de soi, de ce qu'on pense, ce qu'on est, ce qu'on fait...**

Fermer les yeux ?

S'arrêter, et fermer les yeux permet l'acte d'attention pur. Il arrive souvent que les enfants n'aiment pas fermer les yeux. Celui qui ne veut pas le faire révèle une certaine insécurité, une peur du jugement de l'autre, un besoin de stimulation constante ou des troubles de l'équilibre. Les hyperactifs ont généralement besoin de s'accrocher à tous les éléments visuels, aidez-les à reporter leur attention sur autre chose (respiration, corps, cinq sens).

Présence à soi

Cet exercice peut se faire allongé, assis ou debout. Vous pouvez aider l'enfant à tourner son regard vers l'intérieur, prendre le temps de se poser, de ressentir en lui disant :

Pour cela, tu peux laisser les paupières s'abaisser ou regarder paisiblement dans le vague.

Tu prends conscience de ton corps, tu cherches une position confortable, pas vraiment trop confortable pour dormir, juste là, tonique et relâchée…

Ajuste ta position, tu peux faire librement quelques mouvements avec la tête, ou les épaules, les bras ou le dos, pour te libérer des raideurs et des tensions.

Accompagne avec ta respiration, en soufflant plus profondément…

Tu peux te recentrer sur tes sensations intérieures, et savourer le calme, sentir le moindre mouvement intérieur, ton cœur, ta respiration… Être là, simplement là…

Parce que fermer les yeux ouvre son regard intérieur, propose une porte sur soi-même, cela n'est pas toujours confortable. Certains enfants sont les champions de l'évitement de la rencontre avec eux-mêmes. S'ils ne bougent plus, si leur attention est désœuvrée, ils s'endorment.

Il ne faut jamais brusquer ni obliger, toujours proposer, parfois passer par de petits jeux de massage du visage, cligner les yeux fortement et laisser sentir les paupières se détendre… La sécurité ne s'impose pas, elle se crée par la confiance, patiemment.

De nombreux exercices de yoga peuvent être utilisés dans cette intention.

Alors, pour permettre à l'enfant de s'apprivoiser, il faut le guider pour l'aider à poser son attention, en lui proposant de constater, simplement, là où il en est, « comment ça marche, qu'est-ce que tu sens, qu'est-ce que tu ressens, dans cette tête, dans ce corps… ». Une fois l'état de calme obtenu, peu à peu, ce seront ses yeux qui se fermeront instinctivement.

Yoga, posture de l'arbre

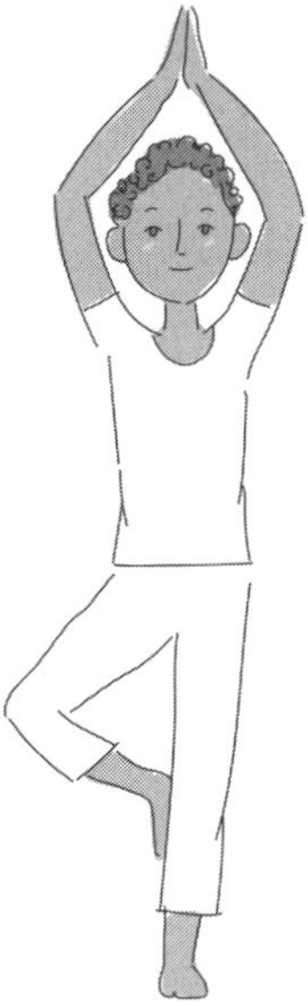

Je mets les bras en l'air, paumes contre paumes.
Je me tiens bien droit, je tire vers le ciel.
Et je lève un pied, que je place à l'intérieur de l'autre jambe, juste en dessous du genou, avec la jambe bien ouverte comme une équerre.
L'enfant peut garder la posture pendant 2 minutes.

Geste d'intériorisation

Inspire en levant les bras sur les côtés.
Rassemble tes mains au-dessus de la tête, face contre face.
En soufflant, redescends les mains devant ton visage, en fermant les yeux.
Descends les mains jusqu'en bas, et ressens l'énergie qui passe par le bas de tes pieds, dans la terre, comme si tu avais des racines…
Prends un petit moment pour sentir comment tu vas, comment tu es, pour être avec toi-même.

> **Pour aller plus loin, vous pouvez aussi faire expérimenter la verticalité, l'ancrage avec l'aide d'un sophrologue.**

Bouger pour mieux ressentir quand ça s'arrête

Comment arrêter le tourbillon de mouvements de stimuli de toutes parts, prendre le temps de poser l'attention de l'enfant ? Pour permettre à l'enfant de savourer l'arrêt : faites-le bouger.

Ensuite, il pourra s'arrêter, et diriger son l'attention vers ce qui se passe dans son corps, dans sa respiration, dans sa tête, et dans son cœur… afin qu'il ressente qu'être attentif à soi se définit comme « être présent », ressentir que le corps réagit, saisir ce qui change, ce qui est.

Jeu stop/bouge

À faire dans une grande pièce ou en extérieur.
L'alternance des rythmes rapides/lents entraîne l'enfant à puiser dans son attention (écoute des consignes) et sa concentration (réfléchir aux mouvements à effectuer, se focaliser sur l'acte corporel à accomplir).
Bouge ! Marche rapidement, comme un léopard dans la jungle !
Stop ! Le léopard fait sa sieste !
Bouge ! Étire-toi comme un léopard bien reposé !
Bouge ! Tu es le léopard qui se promène tranquillement !
Stop ! Tu es le léopard qui observe ce qu'il y a devant lui !
Bouge ! Tu es la gazelle qui se promène !
Stop ! Tu es la gazelle qui a vu le léopard et qui a peur !
Bouge ! Tu bondis comme un léopard, le léopard qui saute sur la gazelle !
Stop ! Tu as sauté sur la gazelle et tu la plaques par terre !
Bouge ! La gazelle se débat et se sauve !
Stop ! L'histoire est terminée !
Ferme les yeux pour ressentir à l'intérieur de ta tête toute l'histoire…
Que ressens-tu dans ton corps, est-ce que tu sens bouger des choses ? Est-ce que tu sens quand ça se calme en toi ?
Prenez un petit temps de phénodescription avec l'enfant.

Il peut être intéressant pour aider l'attention à rester stable de la mobiliser sur quelque chose qui change, le mouvement du corps.

Les mouvements rapides permettent d'activer le corps et lorsqu'on s'arrête, de prendre conscience du corps qui peu à peu retrouve son équilibre.

Pensez-y : inutile de forcer l'enfant à rester attentif quand il a envie de bouger ! Respectez ses capacités d'attention.

Il sera plus judicieux d'accompagner le mouvement réclamé d'activité, de laisser vivre l'envie de bouger en la cadrant : surprenez votre enfant en l'autorisant à courir autour de la table ou à sauter sur le lit par exemple. Vous pouvez surintensifier le mouvement pour permettre de donner libre cours à l'énergie. Après cela, vous pourrez enfin capter l'attention.

Le polichinelle

L'exercice du « polichinelle » permet de prendre conscience du corps qui retrouve son calme et son équilibre. Cela permet de rire et de se détendre, de sortir son énergie, de s'amuser et de se laisser surprendre par « l'autorisation » au mouvement et à l'action.

Vous pouvez aussi utiliser cet exercice avec un enfant trop agité, qui a besoin de bouger, avant un effort de concentration.

Bouge : *Tu peux sauter sur place, bondir sur tes deux pieds…*

Laissez l'enfant le temps nécessaire pour que la respiration s'amplifie, environ 1 minute.

Stop !

Écoute : *Maintenant, tu ne bouges plus et tu écoutes ton corps ! Qu'est-ce qui bouge encore en toi ? Ta respiration ? Comment est-ce que tu respires ? Comment bougent tes poumons ? Ton ventre ? Tu entends ton cœur ? Ça fourmille, ça picote ou ça chatouille à l'intérieur de tes jambes, de tes bras ? Est-ce que c'est chaud ou froid ? Est-ce que cela se calme ? Qu'est-ce que tu ressens à l'intérieur ?*

Faire des gestes compliqués pour capter l'attention

Henri Wallon a noté l'importance du mouvement dans le développement psychologique de l'enfant. Les premiers gestes sont sous la dépendance de forces extérieures (pesanteur) créant les réactions de compensation et équilibre. Les déplacements du corps lui-même, locomotion et préhension, sont autogènes, sur commande. Wallon décrit un troisième type de mouvement :

des réactions posturales, attitudes et mimiques, dont le caractère est plus différencié, à influence psychologique.

Prendre le contrôle de son mouvement va impliquer de porter son attention sur le corps, ses automatismes, son mouvement.

Mouvements alternés droite et gauche (Brain Gym)

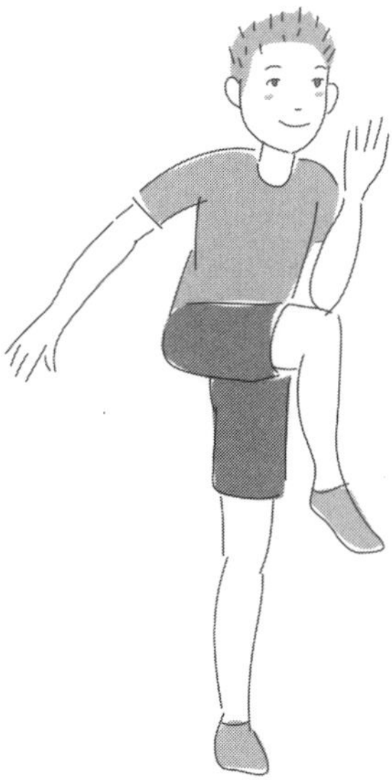

Lève le bras droit en même temps que tu lèves la jambe gauche.

Lève le bras gauche en même temps que tu lèves la jambe droite.

Pose ton coude gauche sur ton genou droit.

Pose ton coude droit sur ton genou gauche.

Laissez l'enfant expérimenter l'automatisme ou le mouvement conscient, faites durer l'exercice 2 minutes.

Pour bien contrôler un mouvement, il faut que toute la tête y porte attention, qu'elle soit bien concentrée sur le geste, pas autre chose.

Lorsqu'on réalise des gestes difficiles, on est bien concentré sur ce qu'on fait, jusqu'à ce que cela devienne automatique.

La chouette (Brain Gym)

Tourne la tête à droite pendant que tu places ta main sur l'épaule gauche.
Tourne la tête à gauche pendant que tu places ta main sur l'épaule droite.
Laissez l'enfant réaliser l'exercice à son rythme 1 minute, puis demandez-lui de le faire lentement en prenant conscience de ses gestes 2 minutes.

Gestes en conscience

Vient alors l'étape de faire le geste « en conscience », surtout lorsqu'il est simple et quotidien. Il est très difficile de « reprendre la main » sur quelque chose d'automatique, d'essayer de se « rendre compte », ou de faire attention à tout ce qui se passe quand on réalise un geste.

Concours de lenteur

Dans une grande pièce ou en extérieur.
Un peu comme le jeu 123 soleil, tracez une ligne de départ et d'arrivée.
Proposez de marcher le plus lentement possible entre les deux lignes.

Bouger très lentement les yeux, pas si simple

Le mouvement des yeux est un très bon « révélateur » de la qualité de l'attention. Je ne connais pas de meilleur exercice que celui du yoga des yeux, venu d'Orient, pour entraîner l'attention à la conscience.

Le yoga des yeux

En position debout ou assise, proposez à l'enfant de bouger les yeux très très très lentement, de gauche à droite sans tourner la tête (pendant 2 minutes).

Si l'enfant a tendance à saccader le mouvement des yeux ou à l'abréger, vous pouvez présenter un crayon devant lui pour fixer son regard et effectuer le mouvement en l'accompagnant.
L'entraînement du yoga des yeux propose aussi le mouvement de haut en bas, et sous la forme d'un cercle fluide.

Inspiré d'un exercice du Dr Vittoz, repris par la Brain Gym, ce geste a des « pouvoirs » assez extraordinaires et en général inspire beaucoup les enfants. Il m'a fait penser aux heures que j'ai passées enfant à dessiner des clés de sol sur mes cahiers. Dessiner ce signe infini est relaxant, mais mimer ce geste va plus loin qu'une inspiration zen et artistique.

Le cycle infini

$$\infty$$

Préparez une feuille de papier et des feutres de couleur. Faites dessiner des signes de l'infini, des petits, des grands, de toutes les couleurs… Demandez à l'enfant de remplir tout l'espace de la feuille.
Dans cette étape dessinée, l'enfant peut rechercher la fluidité du geste, la beauté des courbes, l'équilibre, par exemple.
Puis faites lâcher le crayon et la feuille, demandez à l'enfant de se lever, et de faire le geste en grand devant lui avec son bras.
Enfin, faites-lui fermer les yeux et faire le geste avec les yeux seulement (pendant 2 minutes).

Le meilleur allié, la respiration

- Inspiration : absorber l'air par les narines et remplir les poumons d'air.
- Expiration : expulser l'air des poumons en resserrant bien les muscles du ventre.

Idéalement, l'inspiration se fait par le nez. L'expiration se fait ou par le nez, ou par la bouche.

Respirer c'est vivre. Du premier cri du nouveau-né jusqu'au dernier soupir, la vie est liée à ce souffle. En devenant maître de sa respiration, on le devient de sa vie. La majorité d'entre nous n'en a pas conscience, c'est automatique. La vie de l'homme et surtout sa vitalité dépendent pourtant de la façon dont il respire.

La respiration est la seule fonction vitale automatique que l'homme puisse maîtriser et moduler de lui-même. Les exercices de respiration permettent la découverte du système respiratoire et aident à mieux percevoir les sensations du corps.

En deuxième phase, la respiration contrôlée permet d'oxygéner le corps, favorise la concentration et le contrôle des émotions.

La respiration fera plus que soutenir l'attention ; elle permettra de changer les états corporels, en calmant, ou en dynamisant. Vous constaterez que les exercices de respiration sont très faciles à aborder avec l'enfant.

Guider l'enfant

Il est important de guider l'enfant pour sa respiration : lui proposer de compter permet de soutenir l'attention et de prolonger la pratique. Il est plus facile de se focaliser sur quelque chose qui bouge et change sans arrêt et que l'on peut volontairement moduler.

Comprendre les différentes respirations et savoir les faire varier permet de moduler l'éveil mental, de la tonicité à la détente.

À noter : le vertige peut survenir.

Pensez à toujours laisser une chaise derrière l'enfant pour tous les exercices debout.

Parfois aussi, quand on fait des exercices de respiration, on a la tête qui tourne, on voit de petites étoiles… Fermer les yeux peut créer des vertiges, car il manque alors des repères visuels référents de l'équilibre. Ceux-ci vont se développer avec la pratique, la découverte de sensations internes et peu à peu minorer la place excessive des repères visuels aux dépens de la proprioception.

Le vertige montre que le cerveau reçoit plus d'oxygène que d'habitude. En s'entraînant régulièrement, ces sensations vont disparaître. Cela montre que le cerveau était tout le temps en manque d'oxygène. Essayez de ne pas trop forcer les inspirations prolongées, notamment dans le haut des poumons et de développer la respiration ventrale.

Conscience de la respiration

Le diaphragme

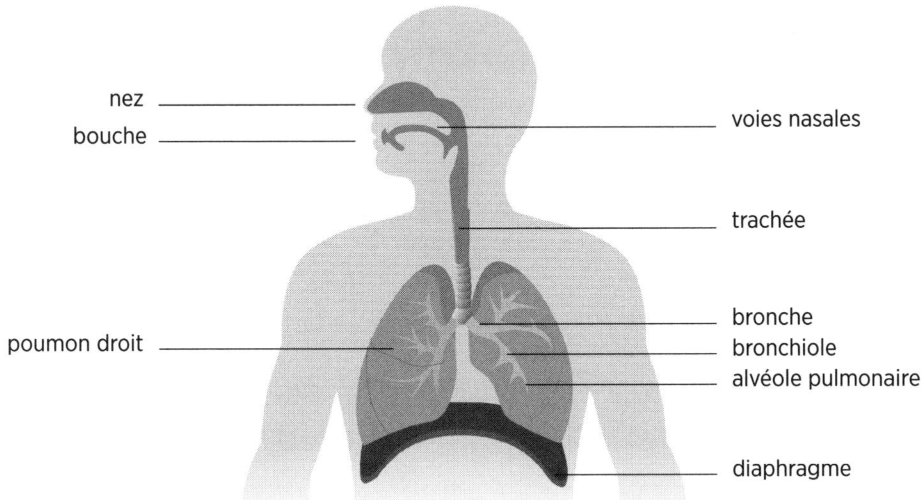

Quand on « respire avec le ventre », c'est le diaphragme qui pousse vers le bas les organes avec la force de l'air dans les poumons, augmentant le volume des poumons dans le bas de la cage thoracique. Cette respiration est bien connue des musiciens pratiquant des instruments à vent, des chanteurs, comédiens et orateurs.

Sensation du diaphragme

Demandez à l'enfant de souffler, souffler, souffler très fort et longtemps, le plus possible jusqu'à ce qu'il n'en puisse plus… Quand il reprend sa respiration, demandez-lui d'essayer de sentir le mouvement du diaphragme qui redescend.
Puis redemandez-lui de souffler, souffler, souffler encore une fois, mais en prenant conscience du mouvement du diaphragme qui monte… Laissez l'enfant reprendre sa respiration et sentir encore une fois le mouvement réflexe de ce diaphragme qui redescend.
Faire 3 fois l'exercice.

Quand on respire avec le haut de la cage thoracique, on augmente aussi le volume des poumons, plus dans la largeur des côtes (respiration des sportifs) ou sous les épaules.

Le soufflet

(2 minutes) Cette respiration permet de bien sentir le mouvement des côtes au gré de la respiration, d'élargir la place du diaphragme et donc de l'assouplir.
Proposez à l'enfant de mettre les mains devant la poitrine, comme si elles tenaient la fermeture de son anorak.
En inspirant, monte tes coudes comme les ailes d'un papillon en prenant bien soin de gonfler tes côtes.
Souffle en rebaissant les coudes.
Essaye de ressentir l'air qui gonfle tes côtes et bouge ton diaphragme vers le bas.

Pour guider l'enfant, lui proposer de :

- mettre une main sur le ventre, une sur les poumons ;
- inspirer profondément ;
- puis expirer et apprécier les mouvements du ventre, des poumons, du diaphragme.

Visualisation : conscience de la respiration

(2-5 minutes) Prenez bien le temps d'installer l'enfant dans une position assise, confortable, le thorax dégagé, le dos bien droit.

Ferme les yeux... et fais le point sur comment tu te sens, comment tu respires... De ton nez jusqu'au plus profond des poumons, l'air pénètre jusqu'aux confins de ton corps, sent le trajet de l'air, les mouvements qu'il crée... Tu respires non seulement avec tes poumons, mais avec ton corps tout entier... Chaque pore de ta peau respire... Tu sens l'air au bord de tes narines, qui entre... qui sort... Tu suis dans ton corps où ça bouge... Ça monte... Ça descend... Tu sens la respiration qui donne vie à ton corps et tu te laisses bercer.

Phénodescription : *Comment te sens-tu* ?

Respirer calme et redonne de l'énergie

Respirer doucement à un rythme naturel avec son abdomen (et non dans le thorax) a une action apaisante. C'est une respiration à rappeler et à entretenir régulièrement, facile à exercer au quotidien n'importe où et à n'importe quel moment.

> **En soufflant plus longtemps qu'en inspirant, on va se calmer, se reposer...**
>
> **Juste s'arrêter et respirer quelques minutes avec le ventre permettra de se requinquer et de remplir à nouveau le réservoir d'attention.**

Dans les exercices à établir avec votre enfant, le plus simple est de s'arrêter, et de respirer, en étant conscient du mouvement de son ventre. Pour bien comprendre cette respiration, on la fait la première fois couché, mais après on peut le faire dans toutes les positions, assis ou debout.

La respiration du ballon

(2-5 minutes) Cette respiration est nécessaire pour bien comprendre la respiration ventrale.
Dans une position confortable, allongé au sol, le corps bien détendu.
Tu poses ta main sur le ventre et tu le gonfles tout doucement comme un ballon.
Puis toujours, tout doucement, tu dégonfles ton ventre-ballon.
Phénodescription : *Comment te sens-tu après un exercice de respiration* ?

Entraîner l'attention avec la respiration comptée

Compter stabilise l'attention. Proposez donc des exercices de respiration en comptant tout haut, ou dans la tête.

Pour se calmer, on souffle plus longtemps. Expirer permet de sortir tout le CO_2 du corps, d'activer le nettoyage et tout le réseau nerveux parasympathique.

Pour se dynamiser, on inspire dans le haut de la poitrine plus longtemps ou plus vite.

Pour reprendre du tonus : en fin de relaxation et de visualisation, la respiration est aussi un très bon support pour revenir à un état plus éveillé et reprendre son activité. Il faut veiller à ce moment-là à respirer un peu plus fort, avec de grandes inspirations.

Respiration en comptant 5-4-3-2-1

Cette respiration va calmer et remplir à nouveau le réservoir d'attention.

Assieds-toi droit, le sommet de la tête redressé. Ferme les yeux ou garde-les ouverts, à ta convenance. Détends la mâchoire et respire tranquillement et régulièrement. Laisse ta respiration circuler naturellement. À mesure que tu te détends, la respiration deviendra plus lente et plus douce.

Sur l'expiration, compte mentalement 5.

Inspire lentement.

Sur l'expiration suivante, compte mentalement 4. Inspire...

Continue en comptant mentalement jusqu'à 1.

Répète cet exercice une dizaine de fois.

Phénodescription : *Comment te sens-tu après un exercice de respiration* ?

Le concept très médiatisé de cohérence cardiaque est issu des recherches médicales dans les neurosciences et la neuro-cardiologie. Des logiciels de biofeedback permettent de mesurer l'impact de la régulation des battements de notre cœur. Les façons de respirer modulent le rythme cardiaque et augmentent l'activité nerveuse parasympathique.

Respiration égale 5-5 – la cohérence cardiaque

L'exercice propose de contrôler la respiration à temps égaux :

5 secondes en inspiration ;

5 secondes en expiration.

Vous pouvez faire les exercices pendant 5 minutes 3 fois par jour.

Des applications permettent d'aider à soutenir l'attention, il est facile de les charger sur son Smartphone.

Cette respiration permet de s'entraîner devant un écran, cela peut être plus ludique, facile et motivant avec un support visuel.

Respiration au carré

(5 minutes) La respiration s'exécute en quatre temps. La première fois, vous pouvez faire dessiner le carré avec le bras, puis proposez à l'enfant de visualiser le carré et de dire aussi les chiffres dans sa tête.

Inspire 4 temps, 1 2 3 4.
Tiens ta respiration poumons pleins 1 2 3 4.
Souffle 1 2 3 4.
Reste poumons vides 1 2 3 4.
Et recommence, 1 2 3 4…

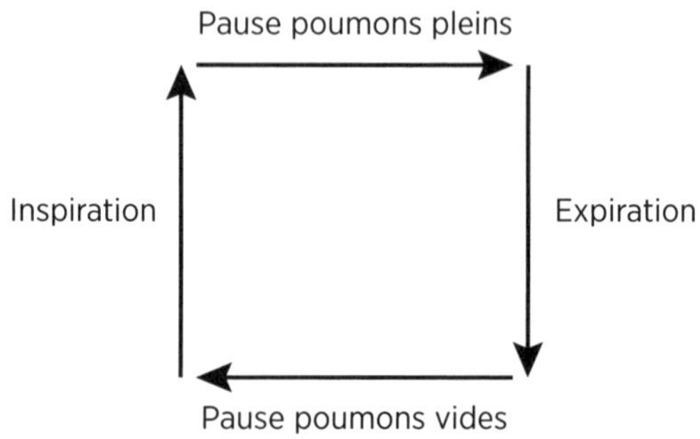

Phénodescription : *Comment te sens-tu après un exercice de respiration* ?

Cette respiration est très équilibrante. Mais il ne faut pas la faire avec des personnes souffrant d'hypertension à cause des apnées.

Respirer pour améliorer la mémoire et la concentration

Soutenir l'attention pendant les exercices, c'est respirer :

- en sentant son ventre, ses poumons, etc. ;
- en sentant le trajet de l'air ;
- en sentant son cœur ;
- en sentant son action se diffuser dans l'ensemble du corps…

Apprenez à l'enfant à penser à respirer, à entraîner sa respiration dès qu'il a un moment tranquille, qu'il s'ennuie, avant de faire ses devoirs, et surtout, le soir avant de dormir.

Respiration tête gauche-droite

(5 minutes) Assis ou debout. L'intérêt de cette respiration est de synchroniser le geste de la tête et la respiration, ralentie. Cela capte l'attention, permet de ralentir le rythme et donc d'agir sur le réseau nerveux parasympathique qui calme, tord la nuque et masse le cervelet, oxygène le cerveau. Je l'utilise pour préparer à la concentration et en prévention des migraines.

Tourne doucement la tête vers la droite en soufflant, inspire quand la tête est tournée.

Souffle en tournant la tête vers la gauche, inspire la tête tournée vers la gauche.

Continuer pendant 2 minutes.

Phénodescription : *Comment te sens-tu après un exercice de respiration* ?

Respiration alternée

(5 minutes) Cette respiration, issue du yoga, est très intéressante avant un travail intellectuel soutenu. Elle rééquilibre les deux parties du cerveau et elle est très apaisante.

Ferme les yeux et respire tranquillement par le ventre.

Sens l'air qui entre dans tes narines, prends conscience de sa température et de son odeur. Est-ce qu'il y a une différence de température quand tu souffles ?
Bouche ta narine gauche avec le pouce de ta main gauche. Respire uniquement avec la narine droite lentement et totalement, en utilisant, le ventre, le thorax et les épaules.
Imagine que l'air passe directement dans la partie droite de ton cerveau et que tu respires avec cet hémisphère.
Bouche maintenant la narine droite avec l'annulaire. Sent le passage de l'air sur la paroi nasale gauche, sent l'odeur et la température de l'air à l'inspiration et à l'expiration. Laisse monter l'air dans ton cerveau du côté gauche…
Ensuite avec une respiration lente et totale, inspire alternativement par la narine droite en bouchant la gauche : fait passer l'air dans cerveau à droite puis à gauche, ferme la narine droite et souffle par la narine gauche…
Inspire par la narine gauche, fait passer l'air dans ta tête de gauche à droite, souffle par la narine droite… et reprend ainsi de suite.
Phénodescription : *Comment te sens-tu après un exercice de respiration* ?

Porter son attention sur son corps

« La conquête du corps est la conquête de l'esprit ! »

P.-A. Chéné[13]

Le corps est là sans qu'on y fasse vraiment attention la plupart du temps. L'enfant ne s'aperçoit pas des changements, comme grandir, ou grossir. Il faut mettre un pantalon trop petit pour s'en rendre compte ou entendre quelqu'un faire la remarque. Le plus souvent, les sensations corporelles ne sont connues que dans la douleur.

13. Médecin, sophrologue.

L'attention va peu à peu se poser et discerner ce qui ne bouge pas et s'orienter vers le ressenti les sensations. Toutes ces expériences de l'infime, de l'attention captivée par soi, permettent de laisser émerger des ressentis plus subtils, de ressentir comment fonctionnent les récepteurs de l'attention, à quoi ils réagissent, et d'apprendre à les garder focalisés, concentrés.

Faire attention à soi va permettre d'entraîner l'attention. Mieux ressentir, mieux exprimer les sensations découvertes en soi, découvrir l'empreinte des émotions sur le corps, va permettre de commencer à mieux discerner ses propres besoins et de mieux se connaître.

Tirer la langue

Les yogis le savaient de longue date. Tirer la langue peut être utile pour activer son cerveau.

D'une manière générale, ces mouvements du visage vont stimuler et peuvent être faits pour préparer un moment d'attention. Ces exercices peuvent être faits le matin, ou pendant les récréations, aux toilettes, bien à l'abri des regards, dans l'ascenseur, ou dans la voiture pendant les embouteillages…

La grimace

Faire des grimaces va activer la thyroïde.

Tire sur les muscles des joues, étire la bouche le plus possible vers les oreilles (sourire ou grimace ?). Ouvre la bouche et tire sur la mâchoire : il faut sentir se tendre le cou et l'avant du haut du buste.

Identifier, observer... pour ressentir le corps

Diriger son attention sur son corps, percevoir le corps tel qu'il est réellement, s'observer, ressentir, permettent de prendre conscience de soi et, peu à peu, de vraiment sentir toutes les commandes de son corps. Un peu comme si on mettait un petit fil à chaque partie, comme une marionnette. Plus il y aura de fils, plus les commandes seront fines et précises.

Jacques a dit

D'après le jeu traditionnel du même nom.
Nomme le nom de toutes les parties du corps que tu connais, et touche-les…
Jacques a dit… : Je touche ma tête…
Je touche mon coude…
Je touche ma nuque…
Je touche mon poignet…
Je touche mon thorax…

Sensations de l'intérieur

La proprioception (formé de proprio-, tiré du latin *proprius*, « propre », et de [ré]ception) ou sensibilité profonde désigne la perception, consciente ou non, de la position des différentes parties du corps.

Expérience simple de sensation

Proposez cet exercice pour expérimenter et vivre la conscience des sensations.
Lève le bras à l'horizontale, serre très fort ton poing.
Relâche la main et reprends la position de repos.
Fixe ton attention sur les sensations dans le bras et la main, prends conscience de la détente après la contraction musculaire, prends conscience, ici et maintenant, de la sensation par ce que tu vis.

> **L'attention va particulièrement s'intéresser à observer ce qui se passe en soi : la perception des sensations intéroceptives et proprioceptives.**

La représentation mentale du corps, appelée en sophrologie *schéma corporel*, se forme par les sensations (depuis la peau, depuis les organes à l'intérieur, des muscles, articulations), par les formes et volumes, la posture, etc. Elle est la connexion entre la pensée, l'image de soi, la physiologie, les ressentis, et les émotions.

Vocabulaire : exprimer le corps vécu

Les sensations sont les perceptions physiques, les ressentis de l'expérience corporelle.

Elles s'expriment par les mots « j'ai… », « je suis… ».

J'ai la respiration bloquée…
Ma voix tremblote…
J'ai du brouillard dans la tête…
J'ai chaud…
Je deviens tout rouge…
Ma poitrine est serrée…
Je me raidis…
J'ai la gorge nouée…
Le bas du dos me brûle…
Ça fourmille…
Mon ventre me fait mal…
Je transpire…
J'ai le visage crispé…
Ça me chatouille…
Mes bras sont tendus…
J'ai très chaud aux mains…
Ma respiration s'arrête…
Je n'ai plus de voix…
Mes mains tremblent…

Très utile pour se déstresser, cet exercice est intéressant aussi pour bien ressentir les muscles de la nuque que pour induire la détente des épaules (on ne les sent pas quand elles sont tendues).

Pompage des épaules

(2 minutes)

Inspire, retiens ta respiration, lève tes épaules et secoue-les en pensant au mouvement que tu fais, monte-les et redescends-les plus ou moins rapidement.

Sur le souffle, replace tes épaules en cherchant à les détendre.

Le mieux est de faire 3 fois ce geste, à différentes vitesses, puis en ralentissant le mouvement et en veillant à expirer un peu plus longtemps.

Phénodescription : *Pense à chaque fois à faire une petite pause pour constater ton ressenti, les épaules, comment sont-elles ? Ta nuque ? Ton état intérieur ?*

L'exercice suivant, issu de la méditation de pleine conscience, propose de placer l'enfant en inspecteur de lui-même. Voici plusieurs pistes pour le réaliser, choisissez le scénario que vous préférez, puis développez-le…

Le faisceau de l'attention

(20 minutes)

- Tu es au milieu d'une scène de spectacle, éclairé par un projecteur. Le faisceau de l'attention va être comme le rayon lumineux du projecteur.
- Tu es un scientifique expérimentateur, et tu vas diriger l'outil IRM d'imagerie médicale pour scanner toutes les parties du corps… et ceci dans le but de refaire, avec l'imprimante 3D une copie conforme…

Plus vous mettrez de détail, plus l'exercice sera facile à suivre et captera l'attention. Proposez à l'enfant de s'allonger.

Dans une position confortable, sans risque d'être dérangé, commence à prendre conscience de toi-même et de ton corps… Le faisceau de l'attention t'éclaire tout entier…

Et maintenant, réduis la largeur de ce faisceau pour n'éclairer que des parties de ton corps… Fais attention à ta tête, tes oreilles, ton nez, ta bouche, ton front, tes cheveux, l'intérieur de ta bouche, ton menton, la forme de tes yeux, détaille plus encore tout ton visage….

Occupe-toi maintenant de ton cou, qui porte cette tête, puis en partant des épaules, d'un bras… Reste sur un maximum de détails de ta main, des doigts…

Pense à l'autre bras et à l'autre main…

Puis ton thorax, la poitrine, toute ta colonne vertébrale, le dos, le bas du dos… Prends le temps de détailler chaque partie de ton tronc… jusqu'aux fesses, à l'entrejambe, et enchaîne sur une jambe… jusqu'au pied… Cherche le maximum de détails sur ce pied, dessus, dessous, jusqu'au bout des ongles… Passe à l'autre jambe… jusqu'au pied…

Et maintenant, élargis le faisceau de ton attention à tout ton corps en entier… Regarde-toi un instant. Qu'en pense le martien (le scientifique ou l'aventurier) ?

Si tu ressens ton corps et tes pensées plus calmes et reposées, c'est normal… Tu viens de faire un exercice qui permet d'induire la relaxation… Profite un instant de cet état…

Puis bouge doucement les extrémités de ton corps, avant de reprendre le cours de ta vie quotidienne.

Pensez à demander à l'enfant de faire une phénodescription en lui posant les questions : *Qu'as-tu ressenti* ?

Ressentir l'expression des émotions dans le corps

Une fois que l'enfant est habitué à poser son attention sur son corps, il décèlera beaucoup plus facilement l'impact des émotions sur celui-ci. Le meilleur moyen de faire comprendre à l'enfant que son corps en garde les traces est de le faire marcher et visualiser des émotions. Il retrouvera alors facilement la mémoire corporelle de leurs expressions.

Marcher avec les émotions ressenties dans le corps

Faire mimer les émotions à l'enfant en marchant.

Marche un peu… et souviens-toi d'un moment où tu as été heureux… Quand était-ce ? Que s'est-il passé ? Comment te sentais-tu ? Comment cela fait dans le corps ?

Souviens-toi d'un moment où tu as eu peur… Quand était-ce ? Que s'est-il passé ? Que sentais-tu dans ton corps ?

Souviens-toi d'un moment où tu as été triste… Quand était-ce ? Que s'est-il passé ? Comment ton corps te montrait-il cette émotion ?

Souviens-toi d'un moment où tu as été en colère… Quand était-ce ? Que s'est-il passé ? Dans quelles parties de ton corps se ressentait le plus cette émotion ?

Voici un autre exercice possible, à faire le soir avant de dormir par exemple.

Visualisation des émotions

Proposez à l'enfant de s'installer confortablement, assis ou allongé, et d'écouter cette visualisation.

Imagine-toi pendant une semaine de vacances, alors que tu es absorbé à jouer, le soleil est agréable, tout est bien tranquille…

Quelqu'un te demande subitement si tu as révisé pour le contrôle de maths qui aura lieu le jour où tu reviens à l'école.

Tout de suite, ton attention se déplace à la date fatidique.

Écoute ton corps, tes sensations, tes émotions, les subtils changements internes.

Tu pourras sans doute ressentir un malaise au creux de l'estomac, une tension dans les épaules, des sourcils se froncer…

Et si tu penses à la dernière fête d'anniversaire, alors que tu étais joyeusement en train de jouer, est-ce que ton corps t'envoie les mêmes messages ?

Ton état d'esprit s'est modifié en un instant parce que tu as modifié ce sur quoi portait ton attention. Ton corps peut rappeler les émotions et les ressentir.

Proposez à votre enfant de faire une phénodescritption.

À l'écoute de ses besoins

Replacer le corps dans l'espace où il se trouve : sentir le sol sous ses pieds, appuis, formes, couleurs des objets autour, écouter les bruits, occasionne la conscience de soi, ici et maintenant. L'enfant va ressentir la différence entre ce qu'il ressent réellement et ce qu'il croit percevoir.

Dans la vie quotidienne, tourner le regard vers l'intérieur permet de prendre le temps de ressentir. Par exemple, dénoter le ressenti « avoir la chair de poule » ou des frissons permet de réagir, de mettre un pull ou de serrer son écharpe afin d'éviter de se refroidir.

Avec l'exercice, l'enfant va aussi commencer à sentir s'il est en train de s'énerver : « Les bras bougent. La tête s'emballe. Le corps se penche en avant, prêt à courir, le cœur bat vite… » Ressentir les multiples petits détails, tous les messages que le corps envoie va permettre d'appuyer sur la pédale de frein et de ne pas se laisser emporter.

Quand on est « en colère », on risque de ne pas se maîtriser, d'être « hors de soi ».

Beaucoup de parents ne se rendent pas comptent à quel point leur enfant n'a pas appris à ressentir par lui-même. Suivant le niveau d'empathie de l'adulte, celui-ci va plus ou moins décoder les besoins de l'enfant, sachant que le plus facile est de réagir par rapport à ses propres ressentis : l'adulte a froid, il fait mettre un pull à son enfant. Il a faim, il propose un gâteau, etc. Et à cela, il rajoute l'éducation qu'il pense devoir divulguer : on ne mange pas n'importe quand, il faut se tenir tranquille… L'enfant a appris à ressentir par le biais de ce « qu'il doit » ressentir.

On s'aperçoit aussi que s'occuper de soi, de son corps, de nourrir sa peau, de se masser, de s'étirer, de faire du sport, d'entretenir son hygiène quotidiennement permettent de se donner « un moment à soi ». On est loin des dérives égocentriques ou narcissiques. Dans le mouvement de diriger l'attention envers soi, on va « capter » l'attention. S'induisent un respect de son corps, et une meilleure compréhension de son fonctionnement, ainsi que du mental.

Être attentif à soi et mieux sentir, ressentir tous les infimes petits changements de son corps permet de mieux discerner ses besoins, ses émotions, son état de tension, et de peu à peu s'apprivoiser, mieux se connaître.

À l'écoute de ses ressentis, l'enfant prend conscience de son état interne, de ce qui est bon pour lui et des moyens dont il dispose pour agir sur lui-même.

Après avoir ressenti ce qui se passe dans son corps et sa tête, l'enfant va naturellement commencer à ressentir les influences… Et notamment en fonction de ses relations à lui-même et avec les autres.

L'ESSENTIEL DE CE CHAPITRE

- La chose la plus simple, la plus élémentaire et indispensable, est de brandir le panneau STOP. Tout simplement se poser, poser son attention sur soi-même, sur ce qui se passe dans son corps.
- Quand on s'arrête, l'attention s'affole ! Elle a besoin de s'occuper. Elle ne supporte pas l'ennui. Alors, il faut occuper l'attention : porter son attention sur les ressentis du corps ou sur sa respiration.
- Contrôler son corps, avec des gestes lents ou en conscience permet de s'entraîner à mieux contrôler sa tête !
- Les exercices de respiration sont simples à mettre en place. Ils calment ou redynamisent, ils permettent de remplir le réservoir d'attention.
- Apprenez à votre enfant à écouter ses ressentis, à mettre des mots sur ce qu'il ressent.
- Incitez-le à prendre soin de lui.

CHAPITRE 2

ATTENTIF À CE QUI EST AUTOUR

En atteignant l'éveil pendant qu'il méditait sur son arbre, le Bouddha dit : « Tout est extraordinairement clair. Je vois tout le paysage devant moi. Je vois mes mains, mes pieds, mes orteils et je sens le riche limon du fleuve. Je ressens une sensation d'immense étrangeté et d'émerveillement à être vivant. Merveille des merveilles ! Cet éveil et inhérent à la nature de tous mais ils sont malheureux, faute de le connaître. »

Au programme

- Impact des cinq sens
- Différencier l'attention fermée de l'attention ouverte
- Contempler
- Fermer son attention

Écouter tous les sons de l'environnement, puis davantage se focaliser sur la mobylette qui passe, montre combien notre attention est fluctuante entre ces deux mouvements, mais « écouter » plutôt qu'entendre sous-tend un mouvement volontaire actif. Tous les exercices des cinq sens sont donc très riches pour permettre d'exercer le mouvement de l'attention active en réception et apprendre à se focaliser en en choisissant des éléments.

Tous les exercices de cette section vont explorer ce qui se présente et les mouvements d'attention automatiques/volontaires (voir le schéma page 35).

Impact des cinq sens

Les fonctions sensorielles se développent depuis la naissance. Le bébé commence par attraper, lâcher, puis palper, mettre à la bouche… et cela avant d'avoir une vision stabilisée. Tout se développe au fur et à mesure.

Prendre conscience de ce processus est nécessaire car l'ouverture aux sens permet de travailler les gestes purs de l'attention. Cela aura des répercussions sur la capacité de concentration et dans la manière de travailler la mémoire, en l'ouvrant à d'autres types de mémorisation, kinesthésiques ou auditives par exemple. Les méthodes développées par Montessori, utilisant tous les sens, sont utilisées par de plus en plus d'éducateurs et d'enseignants.

L'apparition de l'ordinateur dans la vie quotidienne a bouleversé certains apprentissages en développant particulièrement certaines aptitudes sensorielles et attentionnelles aux dépens d'autres.

R. Ornstein et P. Ehrlich relèvent dans *New World, New Mind* : « Certains éléments stables de notre système attentionnel, qui se développent tôt, automatiquement et de façon prévisible, réduisent la complexité de l'environnement sensoriel environnant. Ils nous permettent de répondre rapidement à des événements menaçants. D'autres éléments plus adaptables se développent plus tard, et nous pouvons enseigner ces éléments adaptables pour répondre à une stimulation sensorielle plus subtile, des changements progressifs et des exigences sociales, comme les procédures scolaires. »

On en a rarement conscience, mais notre cerveau change fréquemment son attention entre les événements provenant de l'extérieur, les souvenirs internes et les intérêts.

D'autre part, chacun a un ou des modes privilégiés et préférentiels comme canal de communication : 40 % sont des visuels, 40 % des auditifs et 20 % des kinesthésiques. Nous captons les informations de façon très différente. Nous ne les stockons pas dans notre cerveau et n'y accédons pas non plus de la même manière.

Les neurosciences entrent elles aussi dans les salles de classe. Pour augmenter les stratégies d'apprentissage de l'enfant, on peut l'aider à reconnaître ses propres canaux préférentiels afin de renforcer l'empreinte et la mémorisation.

> **Nos sens ne sont pas seulement indispensables au traitement de l'information et à notre survie, ils nous donnent les moyens de jouir de l'existence.**

L'approche sensorielle des exercices va permettre de focaliser sur la porte d'entrée de l'attention, et de découvrir d'autres façons d'être et de communiquer : les exercices développent une qualité de présence à soi avec une meilleure gestion des sensations, des perceptions, une prise en compte des éléments environnants et du cadre de vie, et une mise en évidence de la subjectivité de chacun.

Ouvrir toutes les portes de l'attention

Les sens mettent en relation le corps et son environnement

Comment se fait l'acte de l'attention sur le monde environnant ? Par les cinq sens. Portes d'entrée de ce que l'on voit, de ce que l'on entend, de ce que l'on sent, de ce que l'on ressent. Il est donc primordial d'aider l'enfant à prendre conscience de ses sens.

Nombreux sont ceux qui, comme Vittoz puis Caycedo (dans le 2e degré de sa Relaxation dynamique), en ont vu l'intérêt capital. L'attention favorise l'ouverture de tous nos sens à la réalité externe ou interne.

> **Pour mobiliser l'attention, on peut guider l'enfant avec les mots « regarde ce que je vais te montrer, écoute ce que je vais te dire, goûte cela… ».**

La vue

Il sera utile d'apprendre à détendre ce sens suractivé par les écrans et à fluidifier de manière consciente les mouvements oculaires (voir le yoga des yeux, page 128).

Imaginer quelque chose dans sa tête, un objet par exemple, fonctionne un peu comme au cinéma : on peut facilement se faire comme un écran dans la tête. Tout d'abord regarder, puis le souvenir et l'imagination proposent des images au cerveau.

Les images mentales servent à expliquer, à réfléchir. On utilise beaucoup de métaphores : « tu marches comme un canard », on imagine alors visuellement la manière de la marche du canard dans la tête.

Apprendre à visualiser, les images mentales

Proposez à l'enfant de regarder une image attentivement et longuement (1 minute) et de la reproduire mentalement les yeux fermés.
Il vous la décrira ensuite verbalement.

Les images mentales exercent l'attention et la mémoire de travail.

Se dessiner mentalement un petit tableau comme un peintre

Cet exercice développe l'imagination et la fixation des images.
Faites dessiner à l'enfant la maison de ses rêves, un vol de mouettes suivant un bateau sur la mer, l'arrivée d'une course de vélos, etc.

L'ouïe

L'ouïe est le sens le plus archaïque. Il est toujours fonctionnel, même quand on dort ! Il alerte notre cerveau en cas de besoin de protection. Dans un endroit inconnu, on garde le sens auditif dominant vers l'extérieur, l'oreille aux aguets.

Nous avons une voix mentale, comme une petite radio ; celle-ci peut être très utile pour soutenir l'attention : on peut dire les mots mentalement dans sa tête, compter, etc.

L'odorat et le goût

Ce sens est lié à la mémoire, une odeur nous apporte des souvenirs. Il est important de prendre conscience des réactions spécifiques déclenchées par les odeurs : plaisir, déplaisir, images, souvenirs, etc.

Jeu des odeurs

Apportez des fleurs naturelles (ou des fruits et légumes, des flacons de parfum), puis laissez l'enfant respirer le parfum par les narines, les comparer. Laissez-le admirer le plus longtemps possible tous les détails.

Dans le cerveau, la « fabrique des neurones » est étroitement liée à l'espace dédié au traitement du sens olfactif. Et voici un jeu très apprécié des enfants ou même à faire lors d'un repas de famille…

Jeu de la dégustation

Proposez de tester, les yeux fermés, plusieurs sortes d'aliments, juste un petit morceau à savourer doucement !

Le toucher

La réalité du monde extérieur de l'enfant s'est construite avec la suprématie du toucher, depuis le fœtus, puis dans ses jeunes années. C'est notre premier mode de communication. Cet organe est déterminant dans le développement. Les capteurs du toucher sont répartis sur toute la surface de notre corps. La peau est le plus grand organe par sa surface et la plus efficace des protections. Le contact favorise la production d'une hormone pour développer les réseaux de neurones.

Ne sous-estimez pas l'importance du toucher dans votre relation à l'enfant, développez les occasions de vous « toucher », et proposez des massages ludiques.

Différencier l'attention fermée de l'attention ouverte

Je vous évoquais un peu plus tôt l'anecdote de l'enfant qui reste focalisé de longues minutes devant le balai fascinant (pour lui) des éboueurs ou de la grue… Malgré nous, parce que nous ne leur donnons pas le temps, nous coupons leur entraînement à la focalisation de l'attention. C'est bien dommage, car là, je viens de vous proposer clairement de le provoquer chez votre enfant : regarder un objet, et rester centré le plus longtemps possible dessus.

C'est très important pour les enfants distraits par un monde intérieur très riche, et pour ceux qui ont du mal à verbaliser.

J'ai observé des différences entre chacun concernant notre attention au monde qui nous entoure. Quelques personnes sont, pour moi, étonnantes : quand elles se promènent dans la rue, elles voient beaucoup de choses, même si nous sommes en train de discuter ensemble. Il n'est pas rare que je me fasse interrompre par « t'as vu, c'est untel, là ! ». Moi, quand je suis dans la rue, je suis plongée dans mes pensées, ou dans ma conversation. Il n'est pas rare que je croise quelqu'un sans le reconnaître.

D'autres ont leur attention plus ouverte, et une multitude de détails entrent et passent. Il est important aussi de travailler ce type d'attention, de manière volontaire, celle qui élargit et observe une multitude de détails, ce qu'on appelle la contemplation.

Mark Williams et Danny Penman, dans *Méditer pour ne plus stresser*, proposent une image de sablier pour exercer son attention à passer du mode ouvert au mode focalisé : le haut du sablier, on fait attention à « tout », quelque chose attire l'attention (où on attire volontairement son attention sur un stimulus), on passe à une attention focalisée, c'est le goulot serré du sablier, et l'attention se rouvre pour accueillir les autres sensations, ou se connecter et se relier à d'autres éléments, comme le bas du sablier.

Visualisation du sablier

Installez l'enfant dans une position confortable, assis de préférence. Commencez par une petite relaxation. Puis terminez par une « reprise », douce, sortie de la visualisation, et une phénodescription.

Prends une position assise confortable, que tu pourras tenir un moment sans bouger, le dos bien droit, les mains sur la table ou sur tes genoux.

Regarde autour de toi, fais attention à tout ce que tu peux voir, toutes les informations que t'apportent tes yeux, laisse ton regard aller comme une abeille d'un point à un autre, et regarde tout, rien n'est distraction… Tu es un peu comme en haut d'un sablier, sur la partie large, avec beaucoup de grains dans l'espace… Prends le temps de détailler le plus possible de choses…

Maintenant, resserre ton attention, et comme pour un sablier qui ne laisse passer qu'un mince filet, sélectionne un élément devant toi. Tu peux aussi comparer cette attention à un zoom sur un appareil photo. Reste attentif sur l'élément choisi un moment… Tout le reste sera distraction, ne te laisse pas perturber, reste focalisé…

Et en dernière phase de cet exercice, rouvre ton attention sur tous les éléments, reviens à un plan large visuel, avec une vision panoramique, et, comme le bas du sablier, tous les petits grains d'attention dans le réceptacle… De nouveau, rien n'est distraction. Tout t'intéresse.

Contempler

N'hésitez pas à revenir à la partie 1, chapitre 2 pour mieux comprendre.

L'attention vigilante en un large spectre est différente du système de fonctionnement de la distraction dans lequel le cerveau laisse vagabonder les pensées sans contrôle.

À part lors d'une démarche artistique ou dans certains états contemplatifs, on reste rarement sur un stade purement sensoriel ! Notre cerveau lie directement les perceptions qu'il perçoit à toute une chaîne mémorisée dont une particulièrement forte, celle du « j'aime/j'aime pas ».

Pour contempler, il est essentiel de ne pas savoir, d'accueillir l'immédiat de ce qui surgit. L'acte de regarder, d'écouter, de ressentir, de recevoir les informations des cinq sens sans juger, et en prenant conscience de ses processus de pensées, ses rebondissements. Pour cela, chaque fois que l'esprit « part » avec ses pensées, il faut reprendre les rênes et revenir au paysage et à ses propres sensations corporelles.

> **On expérimente le type d'attention « ouverte » avec la contemplation devant un très beau paysage, et nous avons tous expérimenté la sérénité qui en découle. L'attention ouverte est, étonnamment, très reposante, car il permet au cerveau de ne pas « ignorer » des éléments qu'il reçoit.**

L'exercice proposé à l'enfant est de se réapproprier l'acte contemplatif dans le quotidien.

L'attention ouverte

*Est-ce que tu as déjà contemplé pendant quelques minutes un paysage, sans penser à rien, juste à regarder ? Regarder et laisser être, ne penser qu'*à ce que tu vois, décrire, et distinguer tes pensées, revenir toujours et encore à ce que tu vois, entends, sens… À *chaque fois que ton esprit décroche ou passe à un élément de ta mémoire, une interprétation, un lien, tu reviens à ce que tu vois, ce que tu sens, ce que tu entends…*

Pour exercer ce type d'attention, on peut aussi proposer :

- d'effectuer des tâches quotidiennes en prenant conscience de l'infinité de l'espace, du silence et du temps ;
- de prendre conscience de la profondeur et du volume des objets qui nous entourent : le lit, le bureau… ;
- d'écouter tous les sons qui nous entourent comme une musique.

Fermer son attention

« Faire attention à un objet ou à une scène ou à un être, c'est le faire exister dans le champ de son expérience sensible, c'est lui donner vie. »

J.-P. Lachaux

En premier lieu, pour stopper le mouvement continu du temps, de l'action, le tourbillon de la vie dans lequel on se laisse porter, on peut commencer par explorer tous les stimuli qui viennent de notre environnement par le biais des canaux sensoriels. Pour permettre à l'enfant de passer des sensations aux ressentis, de bien les distinguer, il faut qu'il puisse écouter ce qui se passe dans son corps, et observer sans interpréter. Il doit apprendre à reconnaître et à associer l'état physique à celui reconnu par son esprit (chaleur/plaisir).

Décrire un objet

Un exercice facile à introduire pour entraîner l'enfant à rester concentré est de lui demander de décrire un objet, avec le plus de détails possibles : forme, matière, volume, poids, couleurs, texture…

On s'apercevra que certains enfants peuvent décrire l'objet plus ou moins facilement : certains ne formulent que quelques mots, et s'arrêtent très vite. Ce n'est pas que l'objet n'est pas présent dans leur mental, mais il faut les aider à verbaliser. Dans ce cas, il faudra veiller à ne pas bloquer l'enfant en lui proposant d'autres biais de concentration, par le dessin et par l'approche kinesthésique (souffle, mouvement), et essayer peu à peu de « décoincer » l'expression verbale orale, d'enrichir l'utilisation d'adjectifs.

Jouer avec son souffle

Proposez à votre enfant de :
- souffler sur une plume ;
- souffler avec une paille dans un verre d'eau, de faire des bulles ;
- souffler sur une bougie longtemps et faire danser sa flamme ;
- faire de la buée sur les vitres et miroirs, sentir l'air chaud qui sort de la bouche ;
- siffloter un petit air joyeux en étant concentré sur son souffle…

Un réservoir à exercices : la méditation de pleine conscience

Des exercices issus de la méditation de pleine conscience peuvent être abordés pour maintenir l'attention le plus longtemps possible, en attention ouverte ou focalisée.

Sur la base de l'exercice du « raisin sec », vous pouvez proposer n'importe quel objet à l'enfant ou par exemple une fleur.

Méditation « Le grain de raisin »

Préparez des raisins secs sans le montrer à votre enfant. Quand vous proposez la première fois cet exercice, l'intérêt est de le surprendre, puis de capter son attention le plus longtemps possible.

Demandez à l'enfant de fermer les yeux. Prenez un seul raisin et placez-le sur la paume de sa main.

Exploration en aveugle. Guidez l'enfant pour capter son attention : en gardant les yeux fermés, proposez de toucher le grain de raisin, d'explorer la texture avec ses doigts. Il peut le prendre doucement avec l'autre main, afin de sentir sa forme, son poids.

Exploration découverte. Laissez l'enfant ouvrir les yeux et satisfaire sa curiosité, « qu'est-ce que c'est ? ». Proposez-lui maintenant d'explorer ce grain, avec les yeux, les mains. Comme la première fois qu'il voit quelque chose, il essaye de regarder attentivement, de prendre le temps d'explorer chaque partie du grain de raisin, sa forme et sa texture, ses couleurs, son volume…

Exploration par le nez. Ensuite, il peut le placer sous son nez, en explorant son arôme et en étant conscient de toutes les sensations qu'il pourrait produire dans sa bouche ou même dans l'estomac.

Exploration par le goût. Proposez maintenant à l'enfant de mettre le raisin à la bouche. Incitez-le à explorer lentement la sensation de celui-ci dans la bouche et sur la langue, en le gardant entier sans le mordre. Faites-le observer la texture du raisin et la façon dont sa saveur est libérée. Les goûts changent-ils avec chaque bouchée ? Puis laissez-le continuer à mâcher, lentement, jusqu'à ce qu'il n'y ait plus rien à mâcher, avec la conscience d'avaler. Est-ce que l'enfant sent la sensation du raisin qui glisse dans la gorge et l'estomac ?

Demandez alors comment son corps, puis sa tête se sentent maintenant qu'il a terminé l'exercice (phénodescription).

L'ESSENTIEL DE CE CHAPITRE

- Les cinq sens sont les portes de l'attention.
- Quand l'enfant est en panne d'attention, proposez-lui une petite pause : les exercices sensoriels permettent de regonfler le réservoir d'attention et de bien-être et de booster les apprentissages.
- L'attention peut aussi s'élargir, comme le faisceau d'un projecteur.
- L'attention ouverte, contemplative, distingue en conscience les stimuli entrants par les sens, sans leur donner d'interprétation ni suivre de cheminement de pensée induit.
- Laissez aussi vagabonder l'esprit de votre enfant : il a besoin de temps et d'alterner contrôle et non-contrôle.

CHAPITRE 3

ATTENTIF À L'AUTRE

« La focalisation intérieure nous met en phase avec nos intuitions et nos principes directeurs, nous permet de prendre de meilleures décisions.

La focalisation extérieure nous sert à naviguer dans le vaste monde.

La focalisation sur autrui adoucit nos rapports avec ceux qui peuplent notre vie. »

Daniel Goleman

Au programme

- **Présence**
- **Développer l'empathie**
- **Gérer les émotions**
- **Mieux communiquer**
- **Attentif à soi, attentif à l'autre : vers un monde meilleur ?**

L'attention à l'autre, c'est écouter, regarder, observer, prêter attention et importance, prendre en considération, chercher à comprendre, à accueillir, ne pas juger ni interpréter ni se projeter sur ce que l'autre devrait être ; en bref, développer avec l'autre une relation interactive.

Présence

La dernière étape sur laquelle je souhaite vous guider pour renforcer l'attention de votre enfant est celle d'une prise de conscience de l'attention à l'autre. Les chapitres 1 et 2 de cette 3e partie ont permis d'éveiller l'enfant à la présence à soi : à « se rendre compte ». L'attention inscrit la conscience dans le présent. La dimension de l'attention ne serait complète si on ne la liait aussi à la présence face à une autre personne, aux autres.

La vie s'étend bien au-delà des besoins et des circonstances. La prévenance se développe lorsqu'on est attentif à l'autre, qu'on lit ses besoins, et qu'on peut éventuellement les devancer, les combler, capter ce que fait l'autre, ce qu'il pense, ce qu'il ressent. L'empathie s'exerce.

J'ai essayé déjà de vous y mener, vous, parents, dans la partie 2, chapitre 1, afin que vous sentiez déjà votre propre présence envers votre enfant. Car sinon comment l'enfant peut-il lui aussi mener son investigation s'il n'a pas à ses côtés quelqu'un de présent envers lui ?

L'acte de l'attention s'inscrit dans l'ici et le maintenant, dans le silence des pensées, l'état d'ouverture et de curiosité. La présence à l'autre se développe avec le non-jugement, l'écoute et la disponibilité, le fait d'être là, présent, conscient, et de communiquer ensemble de manière harmonieuse.

Que se passe-t-il quand l'enfant n'a pas développé suffisamment ces aptitudes ? On observe des troubles du langage, de la communication non verbale et cela peut aller jusqu'à des troubles du spectre autistique, caractérisés par l'isolement, une perturbation des interactions sociales. Moins extrême mais empoisonnant considérablement la vie des parents, les enfants peuvent montrer des troubles du comportement, ignorer les limites, réclamer sans arrêt de l'attention égocentrique, avec des attitudes dictatoriales.

L'attention à l'autre va nous faire aborder les notions d'empathie, de gestion d'émotion et de communication. L'attention nous laisse entrevoir là aussi un mouvement complexe, de ce qu'on capte de l'autre, ce qu'il laisse entrevoir, de ce qu'on a envie d'y percevoir, et de la capacité à influer par sa propre orientation, trouver ses propres limites, celles des autres.

Développer l'empathie

Pour comprendre, vous pouvez vous référer à la partie 2, chapitre 1, à la section « Empathie ou sympathie ? ». Ensuite, il faut apprendre à se centrer, à ressentir ses propres besoins, à écouter l'autre sans jugement, des qualités qui permettent de choisir la sympathie ou l'empathie et de se mettre à la juste place… Voici quelques exercices et jeux pour vous aider.

Jeu du miroir

Ce jeu va permettre d'affiner l'acuité visuelle sur le comportement de l'autre, et de prendre conscience de l'attention qu'on lui porte, de la communication non verbale.

Par deux, parent/enfant ou plusieurs enfants ensemble, debout l'un en face de l'autre, comme séparés par une grande vitre.

Poser la main, face contre cette vitre virtuelle. Les deux participants ont la paume face à face, juste séparée par quelques centimètres. L'un va mener et diriger le geste : il va bouger sa main le long de la paroi, et l'autre va suivre le geste, en gardant sa paume face à celle de l'autre.

Puis échanger les rôles.

Saisir les subtils mouvements de l'autre peut aussi s'exercer par le jeu.

Jeu du détecteur de mouvements

Par deux, parent/enfant ou plusieurs enfants ensemble, debout, l'un en face de l'autre, à 2 mètres de distance. Le jeu se déroule dans le calme et le silence.

Choisir celui qui agit (1) et qui détecte (2). Le joueur (1) va bouger de manière très subtile (clignement de paupière, serrer la main, bouger une épaule, soulever un peu le pied, etc.), juste un geste ! Le joueur (2) dit à voix haute le geste qu'il a vu. Le joueur (1) confirme, juste avec un mot « oui ». Si ce n'est pas le cas, il refait le geste.

Échanger les rôles.

Gérer les émotions

> **L'humeur, c'est la manière dont on se comporte quand on a des sentiments.**
>
> **Les sentiments sont un ensemble d'émotions qui marquent le comportement, les pensées.**

Apprendre à gérer les émotions a une conséquence directe non seulement pour les enfants qui n'avaient plus d'autre moyen de communication que la violence ou l'opposition, mais aussi pour tous les enfants. Accorder une juste place aux émotions et aux ressentis permet la mise à distance et l'émergence d'une action adaptée et constructive.

L'intelligence émotionnelle est une aptitude maîtresse qui influe profondément sur toutes les autres, attention y compris, en les stimulant ou en les inhibant. L'enfant apprendra à détecter et à mieux gérer les émotions toxiques comme l'impulsivité.

Certaines émotions comme la peur et la colère vont parfois prendre le dessus et venir perturber le fonctionnement ou même bloquer le processus d'apprentissage, car celui-ci place en posture d'insécurité et nécessite énormément de ressources cognitives. Les émotions positives ont en revanche un impact majeur : elles donnent la possibilité, le « pouvoir » de réussir.

Déjà, les reconnaître, c'est important ; il faut apprendre ensuite à prendre un peu de recul, pour ne pas se laisser submerger. En sophrologie, on propose des techniques de nettoyage, pour prendre un peu de recul, puis on choisit en toute conscience, « qu'en faire », parfois, c'est « faire avec », d'autre fois, l'utiliser, s'en servir, pour mieux réagir.

Visualisation : effacer le tableau

Symboliquement, faire page blanche, éliminer les préoccupations de la pensée pour ne pas encombrer le cerveau est efficace pour les personnes qui ont de bonnes aptitudes de visualisation.
Ferme les yeux. Installe un tableau sur ton écran mental. Dessine le mot de la préoccupation sur un tableau imaginaire et efface-la lettre par lettre.

D'autres exercices ludiques sont disponibles en accès libre sur le site calapalo-sophrologie.fr.

Mieux communiquer

On s'aperçoit que pour mieux gérer les émotions, sa propre attitude a un impact énorme dans sa relation à l'autre, et notamment, quand on réagit vite, fort, et sans réfléchir, à cause de l'impulsivité. Ce peut être une qualité, surtout si on est un grand chasseur dans la savane, mais c'est un peu plus difficile à vivre dans notre société moderne. Donc pour développer son attention à l'autre, encore faut-il apprendre à minorer son impulsivité.

Celle-ci montre que le cerveau n'a pas développé tous les trajets de « conscience » faisant appel aux fonctions préfrontales, et reste bloqué sur le mode de « survie » du circuit limbique. La première chose à faire sera donc de conforter tout ce système émotionnel (rassurer, climat de confiance, créer des liens forts et positifs), puis de développer le système de « réflexion ».

Pour apprendre à l'enfant à mieux communiquer avec les autres, il faut déjà, soi parent, arriver à le faire. L'enfant trouvera là un modèle et vous pourrez mieux le guider pour qu'il entretienne lui aussi une bonne communication avec ses semblables. Voici quelques pistes pour gérer les cas difficiles.

Gérer l'impulsivité

L'impulsivité va souvent de pair avec les troubles de l'attention. Elle est un des troubles les plus compliqués à gérer avec les enfants TDA/H, et aussi avec les enfants ayant un fort potentiel.

En réponse à un stimulus interne ou externe (les émotions), l'enfant agit de manière réflexe et automatique, sans réflexion.

L'hyperréactivité émotionnelle est provoquée par une hyperréactivité attentionnelle au moindre stimulus de l'environnement. Souvent, ces enfants ne parviennent pas à focaliser leur attention longtemps, le moindre nouveau signal les distrait.

Contrairement aux réflexes physiologiques qui sont innés, l'impulsivité est acquise par apprentissage ou par éducation, vous pourrez en conclure comme moi, que nous pouvons alors la rééduquer, en prenant en compte les dimensions de la personnalité de l'enfant, en sortant de l'urgence, et de l'humeur négative.

L'impulsif montre son manque de persévérance, sa difficulté à rester concentré sur une tâche difficile et ennuyeuse, conséquence de l'impossibilité de maîtrise de son attention, de la patience. Apprendre à l'enfant à se focaliser, trouver des points d'attache à son attention lui rendront bien des services. Toutes les régulations des mécanismes d'autocontrôle seront utiles pour moduler la recherche des sensations fortes, la tendance à chercher l'excitation.

Une des caractéristiques du manque de réflexion de l'impulsif vient du manque de préméditation, de la difficulté de penser aux conséquences d'un acte avant de s'y engager ; l'acte d'intentionnalité sera alors très utile à instaurer. Pour jouer sur les motivations à agir, la capacité d'inhiber les réponses dominantes ou fortement automatisées, pensées ou souvenirs non pertinents, l'adulte veillera aux renforcements positifs, aux récompenses, afin que l'hypersensibilité se réoriente plus sur la satisfaction que sur les manques.

Pour aider à tempérer l'impulsivité, voici un exercice psychocorporel qui permet de ressentir corporellement un autre cheminement de réponse aux stimuli émotionnels : s'inspirer de la technique d'un animal, la tortue. Celle-ci se rétracte dans sa carapace quand une menace apparaît dans son environnement ou quand elle est provoquée.

Visualisation de la tortue

Allongé ou assis. Il faut déjà avoir fait des exercices de type relaxation de Jacobson avec l'enfant (voir page 107).

Imagine que tu es une tortue.

Tu entends quelque chose qui ne te plaît pas, et tu vas te réfugier dans ta carapace : pour cela, tu serres les poings, te plies sur toi-même, incline la tête vers l'avant et ferme les yeux, en bloquant ta respiration. Comme la tortue quand elle se cache dans sa carapace…

Puis tu relâches doucement en soufflant, soufflant, et tu détends tous tes muscles, tu relèves la tête, tu te redresses…

Recommence encore 2 fois.

Quand quelque chose se passe autour de toi, et déclenche l'impulsion, la volonté d'agir vite, alors déclenche mentalement ce réflexe de repli, et de relâchement… Prends le temps de respirer lentement… Peu à peu, ton comportement changera…

Éviter le tout, tout de suite !

Il peut être utile de changer son mode d'éducation : une bonne éducation est souple. Même si les lois ne sont pas discutables, les désirs ne sont pas les règles. « Pas tout et pas tout de suite », pourrait-on résumer. Une éducation souple est une éducation qui n'est pas extrémiste, ni trop laxiste ni trop stricte.

L'enfant qui n'a pas appris à attendre deviendra impatient. Comme il ne saura pas différer ses propres envies, il n'y résistera pas.

Mettre en place dès le plus jeune âge l'attente d'un cadeau est formateur. Le plaisir naît à cause du manque et il arrive comme le soulagement d'un manque, d'une privation.

Choisir

Choisir se répercute de l'attention à l'attitude de vie générale.

La capacité à faire un choix préserve aussi du sentiment de toute-puissance. De même qu'on ne peut être attentif à tout, si on peut tout posséder, les objets prennent la même valeur de cœur. Ils valent la même intensité émotionnelle. Faire un choix n'est pas seulement une simple affaire de raisonnement, cela procède aussi de l'émotion, du mouvement de l'attention, et de faire acte de préférence. Cela nécessite de réfléchir sur soi, de prendre le temps de se regarder, de peser le pour et le contre. Tous ces mécanismes psychologiques sont tout sauf impulsifs ! Ainsi, permettre à nos enfants de faire des choix les protège et les autorise à nourrir leur attention. Car il est nécessaire et indispensable dans l'acte de faire un choix de renoncer à quelque chose. On ne peut pas tout éclairer à la fois.

Ne laissez pas non plus l'enfant tout choisir. À chacun sa place. Certaines décisions incombent à l'adulte, d'autres à l'enfant s'il est directement concerné. La couleur du pull n'est pas une décision qui va toucher la sécurité de votre enfant, même si vous estimez que le rouge ne va pas avec son pantalon vert. Vous pouvez lui dire « moi, je pense... le choix t'appartient ».

Gérer les limites

Isabelle Filliozat donne des pistes permettant de mieux appréhender la notion de poser des limites auprès de l'enfant. Je vous conseille vivement la lecture de son livre *Il me cherche* et de ses autres ouvrages.

Elle propose de bien distinguer l'enfant de ses actes, de fixer les règles à l'avance (et savoir les respecter soi-même), d'être souple en maintenant le cadre. Cela vaut parfois la peine de se demander pourquoi on impose une volonté d'adulte à ses enfants, d'apprendre à distinguer l'indispensable et de bien discerner et répondre aux besoins de l'enfant. L'enfant va ainsi apprendre de manière autonome à gérer les limites, et son rapport aux autres en sera facilité.

Communiquer de manière non violente

Dans sa relation à l'autre, il ne faut pas tout prendre sur soi, mais essayer de résoudre sereinement les nœuds. On peut donc veiller à ce que l'enfant communique de manière moins violente et moins agressive.

La communication non violente (CNV) est une marque déposée par Marshall B. Rosenberg qui analyse le concept : « Le langage et les interactions qui renforcent notre aptitude à donner avec bienveillance et à inspirer aux autres le désir d'en faire autant. »

Selon les principes de la CNV, il n'est pas nécessaire d'utiliser les exigences, la menace, les ordres ou la manipulation. De telles méthodes sont même considérées comme entraînant des conséquences négatives, par exemple de la peur ou de la frustration, et ne suscitent pas la bienveillance chez l'interlocuteur.

Les 4 étapes de l'expression en CNV sont :

- L'observation (« Quand j'entends… », « Quand je vois… », « Quand je me souviens… »). Essayer de faire une observation la plus factuelle possible, partageable avec l'autre, sans jugement ni reproche.
- Le sentiment (« Je me sens… »). Essayer d'exprimer le ressenti le plus important à partager.
- Le besoin (« car j'ai besoin de… »). Exprimer le besoin lié avec le ressenti.
- La demande (« Est-ce que tu es d'accord pour… ? »). Faire une demande précise qui exprime l'attente, ainsi l'interlocuteur peut prendre en compte le besoin.

> **La phrase-clé à apprendre : « Je me sens [émotion ressentie] car j'ai besoin de [expression du besoin]. »**

Pour guider l'enfant, on peut donc veiller à ce qu'il apprenne à exprimer les faits de manière objective et sans jugement, de lui apprendre à distinguer ce qu'il en ressent.

Un des pièges habituels dans l'interprétation des sentiments est de mélanger émotions et la perception que l'on se fait de l'autre, de ses agissements et de ce qu'on imagine faire. Par exemple, si l'on dit à quelqu'un qu'on se sent ignoré par lui parce qu'il ne nous a pas dit bonjour, on ne décrit pas nos sentiments mais notre interprétation de son comportement. Nos sentiments peuvent ici être de la tristesse ou de la frustration.

De même, certaines expressions cultivent la confusion entre sentiment et jugement. Par exemple, « j'ai le sentiment que tu ne m'aimes pas » n'est pas un sentiment, mais un jugement : on interprète le comportement de l'autre (il ne me regarde pas).

De manière générale, à chaque fois qu'intervient le mot « tu » dans une phrase (« vous », « les autres »…), la probabilité est très forte qu'il s'agisse d'un jugement et non d'un sentiment.

Attentif à soi, attentif à l'autre : vers un monde meilleur ?

Sur le chemin de la conscience, Freud avait échafaudé la théorie des actes manqués : inconscience ou inattention ? La conscience naît dans l'attention et disparaît dans l'inattention. Vivre avec attention apporte de la lucidité. La conscience, tel un pinceau lumineux, jaillit du sujet, qui a dirigé son attention vers un objet entré dans son champ de conscience.

Le champ de conscience peut se comparer à une fenêtre ouverte sur le monde et sur l'autre, n'en présentant qu'une partie, découverte par le placement et le déplacement de l'attention. Fenêtre large ou étroite sur le monde infini, connectée à l'activité mentale, reliée à l'expérience passée et donc à la mémoire, au vécu, à la culture, à ce qui construit le soi et la vision de soi, l'ego.

L'enfant que nous éduquons n'aura pas la même attention que celle que nous avons eue nous-même. Les performances de l'attention ne sont pas les mêmes depuis l'homme préhistorique qui luttait pour sa survie et pour l'homme de demain, dans son monde digital. Il me paraît donc primordial de bien comprendre que, dans les énormes progrès et défis de notre civilisation, il devient important de mettre l'accent sur le propre intérêt de l'humain face à ce qu'il fait, crée et se propose de faire de lui-même. Plus que jamais, l'homme a entre ses mains d'énormes possibilités, l'attention en est la clé, l'intention, l'ouverture. Proposer à l'enfant de comprendre les processus de sa propre attention, la maîtriser, la cultiver, lui donne les clés de son apprentissage, l'accès à la conscience, et par là, d'avoir une influence sa vie et sur le monde autour de lui.

Vous trouverez sur le site www.calapalo-sophrologie.fr dont je tiens le blog de nombreux compléments à cette réflexion, des articles focus sur des notions clés, et d'autres exercices. Pour continuer à trouver des pratiques, complétez aussi avec des livres sur la méditation et la sophrologie pour l'enfant (par exemple les livres de Gilles Diederichs, Isabelle Lefèvre-Vallée, Geneviève Manent, Eline Snel), et surtout, pour approfondir votre compréhension et celle de votre enfant sur l'attention, revenez à la source : les livres de Jean-Philippe Lachaux.

J'ajoute un conseil de sophrologie : essayez, jouez, pratiquez, pratiquez, pratiquez. Ne vous posez pas la question de « bien faire ». Lancez-vous, vous, avec votre enfant.

L'ESSENTIEL DE CE CHAPITRE

Dans l'attention à l'autre, on distingue trois mots clés : empathie, présence, conscience.

- **Développer l'empathie : guider l'enfant à porter attention à lui, à ses ressentis, et à porter attention à l'autre, à son comportement, à ses ressentis, va lui permettre de moduler ses réactions, et à mieux communiquer avec l'autre, à devenir plus prévenant. Pour que l'enfant vive sereinement avec les autres, il est nécessaire d'apprivoiser ses propres émotions, elles servent de détecteur. Elles servent à s'équilibrer en fonction des changements constants de l'environnement et de soi-même.**
- **Éveiller la présence : l'attention inscrit la conscience dans le présent, dans l'ici et le maintenant. Présence à soi, présence à l'autre… L'acte de l'attention s'inscrit dans le silence des pensées, l'état d'ouverture et de curiosité, le non-jugement, l'écoute et la disponibilité, le fait d'être là, présent, conscient.**
- **La conscience naît dans l'attention et disparaît dans l'inattention. Vivre avec attention apporte de la lucidité et le sentiment de maîtriser sa vie.**

Pour suivre la publication de ce livre, avoir des liens utiles ou encore pratiquer d'autres exercices, vous pouvez consulter le site de l'auteur :

https://calapalo-sophrologie.fr/2018/08/27
jaide-enfant-a-etre-attentif/

Comment lire un code QR ?

Pour lire un code QR, il vous suffit de télécharger une application dédiée (MobileTag, par exemple) et de passer votre Smartphone sur le code QR lorsque l'application est lancée. Vous serez alors automatiquement redirigé vers le fichier audio ou le lien choisi.

BIBLIOGRAPHIE

Recherches

ARNSTEN A. F., « The 3 subregions of the prefrontal cortex Related to the 3 core symptoms of ADHD », *Expert Rev Neurother*, 2010.

BAKAN Paul, *Attention: An enduring problem in Psychology*, 1966.

BAVELIER, DAPHNE *et al.*, « Brains on Video Games », *Nature Reviews Neuroscience*, 12, décembre 2011, p. 763-768.

BENEDETTO S. *et al.*, « Rapid serial visual presentation: The case of Spritz. Computers in Human Behavior », 45, 2015, p. 352-358.

GUEDENEY Nicole et GUEDENEY Antoine, *L'Attachement : approche théorique. Du bébé à la personne âgée*, Masson, 2009, p. 99.

HABCHI O. *et al.*, « Deployment of spatial attention without moving the eyes is boosted by oculomotor adaptation », Frontiers in Human neuroscience, Integrative, Multisensory, Perception, Action and Cognition Team, Lyon Neuroscience Research Center, Inserm, CNRS, Université Lyon I, 2015.

HOBSON J. A., *Sleep. New York: W. H. Freeman*, 1989, p. 191.

KEP KEE LOHA *et al.*, « Media multitasking predicts video-recorded lecture learning performance through mind wandering tendencies », Université Lyon, Inserm, Stem Cell and Brain Research Institut, Bron, National University of Singapore, Singapour, 2016, www.sciencedirect.com/science/article/pii/S0747563216304587

LE FLOCH Albert, ROPARS Guy, « Left-right asymmetry of the Maxwell spot centroids in adults without and with dyslexia », the Royal Society, 2017, https://doi.org/10.1098/rspb.2017.1380

Levy F., « Dopamine vs noradrenaline: inverted-U effects and ADHD theories », Aust NZ J Psychiatry, 43(2), 2009, p. 101-108.

Livingstone M. *et al.*, « Physiological and Anatomical Evidence for a Magnocellular Defect in Developmental Dyslexia », Proceedings of the National Academy of Science, 88, 1991, p. 7943-7947.

MacLean Paul, *Les Trois Cerveaux de l'homme*, Robert Laffont, 1990.

MacLean Paul, « A Mind of Three Minds: Educating the Triune Brain », in *Education and the Brain*, J. Chall and A. Mirsky, Chicago: The National Society for the Study of Education, 1978.

Mazô-Darné Nicole, « Mémoriser grâce à nos sens », Mémoire et mémorisation dans l'apprentissage des langues, 2006, https://apliut.revues.org/2456

Mohanty Aprajita *et al.*, « The spatial attention network interacts with limbic and monoaminergic systems to modulate motivation-induced attention shifts », *Cereb. Cortex,* 18, 11, 2008, p. 2604-2613.

OCDE, PISA, « PISA 2012 : Faits marquants », http://www.oecd.org/education/PISA-2012-results-france.pdf

OCDE, CERI, https://www.oecd.org/fr/sites/educeri/

OCDE, CERI, « Innovating to Learn, Learning to Innovate », Center for Educational Research and Innovation, 2008, http://www.oecd.org/edu/ceri/innovatingtolearnlearningtoinnovate.htm

Olendzki Andrew, *Unlimiting Mind, The Radically Experiential Psychology of Buddhism*, Ed. Wisdom, 2010.

Ornstein Robert et Ehrlich Paul, « New World, New Mind: Moving Towards Conscious Evolution », New York: Doubleday, 1989.

Pessoa Luiz, « How do emotion and motivation direct executive control? », *Trends Cogn. Sci.*, 13, 4, 2009, p. 160-166.

Posner Michael, « Orienting of attention », *Quarterly Journal of Experimental Psychology*, 32 (1), 1980, p. 3-25.

Ralph *et al.*, « Media multitasking and failures of attention in everyday life Psychological research », 78, 2014, p. 661-669.

Rosen Larry D., « Psychology, Technology and Society », Wiley, 2015, https://www.psychologytoday.com/blog/rewired-the-psychology-technology/201204/attention-alert-study-distraction-reveals-some.

Rulph François, « Contrôler son attention et gérer sa concentration », Stratégies d'apprentissage, Cours EDU3205, Pédagogie universitaire, http://web2.uqat.ca/profu/textes/strat_app/05concentration.htm

Schulze Holger, « L'effet cocktail », *Cerveau et psycho*, 2012, http://www.cerveauetpsycho.fr/ewb_pages/a/article-l-effet-cocktail-30312.php#zDZihVGYcLZXK1Hx.99

Sylwester Robert et Cho Joo-Yun, « What Brain Research Says About Paying Attention », 1992, http://www.ascd.org/publications/educational-leadership/dec92/vol50/num04/What-Brain-Research-Says-About-Paying-Attention.aspx

Wallon Henri, « Importance du mouvement dans le développement psychologique de l'enfant », *Enfance*, tome 12, n° 3-4, 1959, p. 233-239, http://www.persee.fr/doc/enfan_0013-7545_1959_num_12_3_1438

Livres

Akoun Audrey et Pailleau Isabelle, *Apprendre autrement avec la pédagogie positive : à la maison et à l'école (re)donnez à vos enfants le goût d'apprendre*, Eyrolles, 2013.

Aliotta Catherine, *Manuel de sophrologie*, InterEditions, 2014.

Art-Mella, Leung Armella, *Émotions. Enquête et mode d'emploi*, éditions Pourpenser, 2016, extraits sur : http://conscience-quantique.com/extrait-2-accueillir-une-emotion/

Bergès-Bounes Marika, *La Relaxation thérapeutique chez l'enfant. Corps, langage, sujet*, Masson, 2011.

Bernard Johanne et Dupeyrat Laurent, *J'ai rendez-vous avec le vent le Soleil et la Lune*, La Martinière, 2016.

Boulanger Corinne, *La Sophrologie destinée aux enfant*s, Publibook, 2009.

Chavel Denise et Noret Christiane, *Apprenez à relaxer vos enfants 2 à 7 ans à l'école et à la maison*, Retz, 1991.

Chéné Patrick-André, *Sophrologie. Fondements et méthodologie*, tome 1, Ellébore, 2009.

Claeys-Bouuaert Michel, *L'Éducation émotionnelle de la maternelle au lycée*, éditions Le Souffle d'or, 2014.

Dias Thierry, *Nous sommes tous des mathématiciens. Des clés pour faire aimer les maths à vos élèves*, Magnard, 2015.

Diederichs Gilles, *Comptines de relaxation*, Nathan, 2008.

Diederichs Gilles, *Mon premier livre de yoga,* Nathan, 2009.

Diederichs Gilles, *50 exercices pour vous relaxer en famille*, InterEditions, 2009.

Etchelecou Bernard, *Sophrologie. Applications thérapeutiques*, InterEditions, 2012.

Faure Jean-Philippe, *Éduquer sans punitions ni récompenses,* Jouvence, 2005.

Gagné Pierre-Paul, *Pour apprendre à mieux penser. Trucs et astuces pour aider les élèves à gérer leur processus d'appentissage*, Chenelière, 2004.

Golemann Daniel, *Intelligence émotionnelle. Accepter ses émotions pour développer une intelligence nouvelle*, J'ai lu, 2003.

Hahusseau Stéphanie, *Tristesse, peur, colère. Agir sur ses émotions*, Odile Jacob, 2011.

Hutchison France, *100 jeux avec Namasté pour la concentration, les émotions et la socialisation des enfants*, Béliveau éditeur, 2013.

Keller Françoise, *Pratiquer la communication non violente*, InterEditions, 2016.

Lachaux Jean-Philippe, *Le Cerveau attentif. Contrôle, maîtrise et lâcher-prise*, Odile Jacob, 2013.

Lachaux Jean-Philippe, *Le Cerveau funambule. Comprendre et apprivoiser son attention grâce aux neurosciences*, Odile Jacob, 2015.

Lachaux Jean-Philippe, *Les Petites Bulles de l'attention. Se concentrer dans un monde de distractions*, Odile Jacob, 2016.

Le Chevallier Solange, *L'Enfant et la concentration. Comment aider l'enfant à retrouver le contrôle de soi selon la méthode du Dr Vittoz*, Le courrier du livre, 2007.

Lefèvre-Vallée Isabelle, *L'Enfant et la sophrologie. Protocoles et applications*, Ellébore, 2010.

Léger Laure, *L'Attention*, Dunod, 2016.

Manent Geneviève, *L'Enfant et la relaxation*, Le Souffle d'or, 2009.

Mazzietti Audric, « C'est l'attention qui compte », *l'éléphant,* n° 17, janvier 2017.

Marcastel Agathe, Bedoin Nathalie, « Neurosciences et pédagogie », *Cahiers pédagogiques*, n° 527, www.cahiers-pedagogiques.com/Face-aux-troubles-de-l-attention

Medina John, *Les 12 lois du cerveau*, Leduc éditions, 2014.

Mortier Janine, *Vittoz pour les enfant*s, Pierre Téqui, 2005.

Musso Louis, *Sortir de l'échec scolaire. Un guide à l'usage des parents*, Grancher, 2014.

Napthali Sarah, *S'occuper de soi et des enfants dans le calme. Bouddhisme pour les mères*, Payot, 2003.

NICON Luc, Tipi, *Technique d'identification sensorielle des peurs inconscientes,* Émotion Forte, 2007.

NICON Luc, *Revivre sensoriellement*, Émotion Forte, 2013.

OCDE, *Comprendre le cerveau. Naissance d'une science de l'apprentissage*, 2007.

PERETTI Nathalie, *Relaxations créatives pour les enfants*, Le Souffle d'or, 2007.

POLETTI Rosette et DOBBS Barbara, *Petit cahier d'exercices du lâcher-prise*, Jouvence, 2015.

RYDAHL Malene, *Heureux comme un Danois*, J'ai lu, 2015.

SAUVAGEOT Béatrice et MÉTELLUS Jean, *Vive la dyslexie !,* NiL, 2002.

SIAUD-FACCHIN Jeanne, *Tout est là, juste là. Méditation de pleine conscience pour les enfants et les ados aussi,* Odile Jacob, 2014.

SERVANT Isabelle, *30 jours pour trouver ma voie et vivre mes rêves*, Eyrolles, 2017.

SNEL Eline et BOUTAVANT Marc, *Calme et attentif comme une grenouille*, Les Arènes, 2012.

SUZUKI Wendy, *Bouge ton cerveau*, Marabout, 2016.

TOMATIS Alfred, *Éducation et dyslexie,* AIAPP/Association Internationale d'Audio-Psycho-Phonologie, 1978.

VITTOZ IRDC, *Développer son attention et sa concentration*, Chronique sociale, 2014.

WHITFORD Rebecca et SELWAY Martina, *Le Yoga des petits pour bien dormir*, Gallimard Jeunesse, 2006.

WILLIAMS Mark et PENMAN Danny, *Méditer pour ne plus stresser, trouver la sérénité, une méthode pour se sentir bien*, Odile Jacob, 2013.

PEFC
10-31-2541
Certifié PEFC
Ce produit est issu de forêts gérées durablement et de sources contrôlées.
pefc-france.org

Achevé d'imprimer par Normandie Roto Impression s.a.s.
sur papier offset DNS Premium 80g
N° d'imprimeur : 1803911
Dépôt légal : octobre 2018

Imprimé en France